인문학
서바이벌

THE MARKETPLACE OF IDEAS: REFORM AND RESISTANCE IN THE AMERICAN UNIVERSITY

Copyright ⓒ 2010 Louis Menand

Korean Translation Copyright ⓒ 2013 ByBooks

Korean edition is published by arrangement with W. W. Norton & Co., New York through Duran Kim Agency, Seoul.

이 책의 한국어판 저작권은 듀란킴 에이전시를 통한 W. W. Norton & Co.와의 독점 계약으로 바이북스에 있습니다. 저작권법에 의해 한국 내에서 보호를 받는 저작물이므로 무단 전재와 무단 복제를 금합니다.

우리 시대의 이슈 05

인문학 서바이벌 대학의 개혁과 혁명

원제_ THE MARKETPLACE OF IDEAS:
　　　REFORM AND RESISTANCE IN THE AMERICAN UNIVERSITY

초판 1쇄 인쇄_ 2013년 11월 19일
초판 1쇄 발행_ 2013년 12월 1일

지은이_ 루이스 메넌드
옮긴이_ 김혜원

펴낸곳_ 바이북스
펴낸이_ 윤옥초

편집팀_ 도은숙, 김태윤, 문아람
디자인팀_ 이민영, 김미란, 이정은
표지디자인_ 방유선

ISBN_ 978-89-92467-79-7 04300
　　　　978-89-92467-18-6 (세트)

등록_ 2005. 07. 12 | 제313-2005-000148호

서울시 마포구 서교동 395-166 서교빌딩 703호
편집 02)333-0812 | 마케팅 02)333-9077 | 팩스 02)333-9960
이메일 postmaster@bybooks.co.kr
홈페이지 www.bybooks.co.kr

책값은 뒤표지에 있습니다.

바이북스는 책을 사랑하는 여러분 곁에 있습니다.
독자들이 반기는 벗 - 바이북스

대학의 개혁과 혁명

인문학 서바이벌

루이스 메넌드 지음 | 김혜원 옮김

THE MARKETPLACE OF IDEAS

저자의 말

지식은 우리에게 가장 중요한 관심사다. 우리의 사업이 성공하느냐 여부는 대부분 지식에 달려 있지만, 그 가치는 단순히 경제적인 것에만 그치지 않는다. 본래 지식을 새롭게 추구하며 새롭게 생산하고 그것을 다른 이에게 전파하거나 응용하거나 보존하는 일체의 행위는 문명의 중추적 활동이다. 지식은 사회적인 기억, 즉 과거로의 접속이며 동시에 사회적 희망이자 미래에 대한 투자다. 이러한 지식을 탄생시키고 응용하는 능력은 인간의 특징 가운데 하나인 적응력을 보여준다. 이는 우리가 우리 자신을 사회적 존재로 재생산하고 변화시키는 방법이다. 곧 우리가 현실을 직시하며 공상에 잠길 수 있는 것은 방법인 것이다.

지식은 항상 불평등하게 분배되는 힘의 원천 중 하나다. 그래서 지식을 더 많이 가진 사람이나 지식에 대한 접근 기회가 더 많은 사람이 그렇지 못한 사람보다 더 많은 이점을 누린다. 이는 지식이 권력과 친밀한 관계에 있다는 뜻이다. 그래서 우리는 종종 '지식을 위한 지식'에 대해 말한다. 그런데 사실 우리를 세상의 힘과 무관하게 하는 지식은 없으며, 보통 우리는 지식을 통해 더 많은 권력을 갖기를 바란다. 사회적 측면에서 미국인들은 지식의 생산에 어떠한 제약도 있어서는 안 되며 이에 대한 접근은 보편적이어야 한다는 원칙에 헌신적이다. 이는 민주주의적 이상이라 할 수 있다. 우리는 지식이란 많으면 많을수록 좋은 것이라고 생각한다. 절대 표현해서는 안 되는 의견이 있다거나 너무나 잘못된 생각에 빠져 투표할 자격이 없는 시민도 있다는 사실을 믿지 않듯이, 차라리 모르는 편이 낫거나 일부만 알고 있어야 할 지식이 있다는 사실을 믿지 않는다. 오히려 우리 자신이 더 많은 정보와 사상을 생산하고, 이를 더 많은 사람이 이용할 수 있게 할수록 우리가 훌륭한 결정을 내릴 가능성은 더욱 커진다고 믿는다.

 그래서 미국인들은 지식의 생산과 전파, 즉 연구와 교육을 전담하는 기관에 많은 사회적 투자를 하고 있다. 또한 이 때문에 이러한 기관에 모든 종류의 면제와 보호를 허용한다. 한편 연구와 교육을 전담하는 기관이 우리가 기대하는 대로 잘 운영되지 않는다는 의심이 들 때는 걱정되거나 화가 나기도 한다. 그러나 우리가 기대하는 것 중 일부는 비현실적 측면이 있다(우리가 민주주의에 기대하는 것 중 일부도 비현실적이기는 마찬가지다). 교육은 골치 아픈 과정으로 성공을 평가하기 어렵고 심지어 정의 내리기도 어렵다. 연구 역시 불확실하다. 그나마 모든 좋은 아이디어나 과학적 주장은 그다지 훌륭하지 못한 수많은 시도를 거쳐서 얻어낸 것이다. 미국에는 4,000개가 넘는 고등교육 기관이 있으며, 1,800만 명이 넘는 학생과 100만 명이 넘는 교수가 있다.¹ 합리적으로 생각해볼 때 이 학생들이 모두 제대로 교육을 받으리라고 기대하거나 학문이나 연구 하나하나가 전부 가치 있으리라 기대하는 것은 무리다. 그러나 우리는 각기 다른 구성원들을 포용하고 동시에 많은 일을 처리하고 있는 거대한 시스템은 개혁의 적이 아니며 우리가 원하는 종류의 연구와 교육을 할 수 있도록 해줄 것이라고 믿고 싶어 한다.

지식의 상태와 지식과 교육이 발생하는 시스템 사이에는 항상 갈등이 있다. 그리고 지식의 상태는 시스템보다 훨씬 잘 변한다. 교육기관은 다루기 어렵고, 교수라는 직업은 고대 시대부터 비웃음의 소재가 됐을 정도로 보수적 성격을 띤다. 예를 들어, 1908년, 케임브리지 대학교의 고전주의자 프랜시스 콘퍼드Francis Cornford는 젊은 학자들을 위한 풍자적 지침서 《마이크로코스모그라피아 아카데미카 Microcosmographia Academica》에서 교수회 통치 기구의 기본 법칙은 "처음부터 아무것도 해서는 안 되는 것"이라고 조언한다.² 이에 1963년 클라크 커Clark Kerr는 "대학만큼 다른 이들의 일에는 아주 급진적인 태도를 보이면서 자신들의 일에는 보수적인 태도를 보이는 기관은 없다. (…) 남부에서는 '자유의 기수'라며 체포된 교수가 정작 북부에 있는 자신의 캠퍼스에서는 어떠한 변화든 교수진으로부터 만장일치의 사전 동의를 구해야 한다는 주장을 열렬히 지지한다. 이렇듯 교수회로 향한 문은 안팎으로 모두 연결돼 있다"³라고 불평했다. 클라크 커는 이후에 캘리포니아 대학교의 총장이 되면서 자신이 예상했던 것보다 더 많은 사실을 알게 됐다.

교수단에 속하지 않은 사람들이 볼 때 교수들이 교육기관의 개혁에 저항하는 것은 어리석거나 옹졸한 행동이다. 어쩌면 이것은 학교 행정가에게 저항하는 것보다 더 최악의 행동으로 보일 수 있다. 그래서 대학 총장들은 교수들을 마음대로 좌지우지하기 위해 보란 듯이 몇 명을 해고하기도 했다. 하지만 교수들의 이러한 저항에는 이유가 있다. 그중 한 가지는 시장처럼 움직이지 않는다는 신념 때문이다. 이 신념은 교수라는 직업의 자아의 중심을 이루는 것으로 앞으로 이 책에서 논의될 것이다. 그러나 개혁에 이렇게 저항하는 데에는 또 다른 실질적 이유가 있다. 그것은 바로 어떠한 변화이든 반드시 대가가 따르기 때문이다. 만약 모든 학생에게 필수과목 하나를 추가한다면 학생들이 수강할 수 있는 선택과목 하나가 줄어들게 된다. 또 새로운 연구 분야를 하나 추가한다면 그에 대한 비용을 지불하기 위해 다른 어딘가에서 돈을 가져와야 한다. 금융계가 호황을 누렸을 때 대학은 얼마든지 기존의 것을 없애지 않고도 새로운 것을 추가할 수 있었다. 하지만 2008년 다른 모든 분야가 그랬듯 고등교육계도 금융계가 위축할 수 있다는 사실을 깨달았다.

  이 책은 오늘날의 고등교육에 대한 네 가지 질문에 답하고자 한다. 왜 교양 교육과정을 도입하는 것이 그렇게 어려운 일인가? 왜 인문학과의 존재 자체가 위기를 맞게 됐는가? 왜 '간학제성間學制性, interdisciplinarity' (disciplinarity를 '간학제성'으로 옮기는 경우도 있으나 본서에서는 의미를 명확히 구분하기 위해 disciplinarity를 '학제성學制性'으로, 이와 대치되는 interdisciplinarity를 '간학제성間學制性'으로 옮겼다.—옮긴이)은 마법의 단어인가? 왜 교수들은 똑같은 정치적 견해를 보이는 경향이 있는가? 이러한 질문은 사상과 관련된 문제로 토론이나 협상으로 처리돼야 할 지적 사안이다. 그렇다고 돈에 얽혀 있는 문제는 아니다. 그러나 이상하게도 명료하지 않으며 때때로 논의나 합의를 이끌어내는 것이 불쾌할 정도로 어려운 문제다.

이러한 이슈들은 모두 근본적으로 고등교육 시스템에서 기인한다. 고등교육 기관들이 스스로 유지하고 재생하는 방식 때문에 발생하는 것이다. 물론 더 근본적인 이유는 미국 고등교육이 100년 전에 만들어진 시스템을 유지하기 때문이다.

19세기 상품이라고 할 수 있는 미국 대학은 제1차 세계대전 이래 구조적으로 거의 변하지 않았다. 물론 인구학, 지성, 재정 및 기술적 측면 그리고 대학의 임무, 이해관계자 및 규모 면에서 볼 때는 많은 변화가 있었고, 이 변화들은 미국 고등교육과 연구의 본질에 영향을 미쳐왔다. 그러나 시스템 자체는 여전히 19세기 말의 목적을 위해 세워진 그대로다. 그래서 1945년 이후 고등교육의 이러한 이상한 일련의 변화들은 시스템을 한계로 몰아붙였다. 이러한 시스템이 여전히 지식을 생산하고 전파하는 기회를 좌지우지하는 한, 현재 대학을 개혁하기 위해 애쓰는 것은 타자기를 놓고 인터넷을 배우는 것이나 말을 타고 쇼핑하러 가는 것과 같다.

시스템, 특히 미국 고등교육의 역사만큼 오래된 시스템에 대해 한 가지 알아야 할 점은 사람들이 이를 점차 의식하지 못하게 된다는 것이다. 그래서 특정 시스템이 내면화돼 마치 고정된 사고방식처럼 돼버린다. 자칫 그것은 '원래부터 그러한 것'이 되어 **왜** 원래부터 그러했는지 떠올리기조차 어려워질 수 있다. 대학과 관련된 문제가 해결하기 어려워 보일 때는 대개 시스템이 근본적인 원인일 때가 많다.

하지만 문제는 아무도 그 원인이 무엇인지 또는 어디에서 찾을 수 있는지 모른다는 점이다. 어떤 기관이나 전문 직업에 종사하는 사람들처럼 학교에서 일하는 사람들은 특정한 방식으로 사회화됐다. 그렇다 보니 기존 관행에서 벗어날 필요가 있을 때 종종 자신들을 인도할 나침반이 없다는 사실을 깨닫는다. 물론 '원래부터 그러한' 이 고등교육 시스템 중에는 여전히 유지할 만한 좋은 것들도 있다. 하지만 시대에 거의 맞지 않는 것도 분명히 있다. 그래서 때때로 변화가 필요하기도 하다. 이때 변화를 취한다고 해도 그들의 세계가 무너지는 일은 없으므로 학자들은 변화를 대담하게 받아들여야 한다. 그러나 기존 관행 중에서 없어지면 교육 시스템이 제 기능을 할 수 없는 것도 있으므로 어떠한 대가를 치르고서라도 반드시 지켜야 할 만한 것들도 존재한다. 따라서 무엇을 지키고, 무엇을 변화시켜야 할지 알기 위해 어떻게 우리가 여기까지 왔는지에 대한 지식이 필요하다. 결국 지식이 문제다.

  미국 고등교육에 관한 글을 쓰는 대부분의 사람처럼 나 역시 전체로 볼 때 매우 작은 조각에 불과한 인문과학 분야의 학부와 대학원 교육에 초점을 두었다.[4] 미국의 고등교육 기관 4,000개 중 대부분은 인문과학 대학이 아니다. 인문과학 분야에서 수여하는 학위는 전체의 절반에도 미치지 못한다. 대학 졸업자의 22퍼센트가 경영학을 전공하는 데 반해 역사를 전공하는 학생들은 고작 2퍼센트에 불과하다. 내가 논할 내용의 대부분은 경영학 전공보다 역사학이 경험하고 있는 고등교육에 관한 것이다. 그리고 내가 드는 예들은 엘리트 인문과학 대학에서 가져온 것이다. 역사적으로 엘리트들은 혁신할 수 있는 자원과 시스템 전체에 대한 기준을 세울 시계視界를 갖추었기 때문이다.

물론 내가 논의하는 문제들에 해당 사항이 없거나 그것이 문제되지 않는 교육기관도 많다. 하지만 인문학 분야에서 교육을 받고 이에 흥미가 있는 인문주의자로서 내가 지금 여기에 쓰는 문제 가운데 일부는 다른 영역보다는 인문학 교수와 학생 들에게 더 시급한 문제다. 특히 자연과학은 내가 논의하는 고등교육 경향의 많은 부분에서 예외가 된다. 이처럼 자연과학이 제외된다는 것이 앞으로 설명할 경향들의 일부 원인이 되기도 한다.(우리나라에서는 인문과학이 정치, 경제, 사회, 역사, 문예, 언어 따위를 자연과학에 상대해서 가리키는 말인 데 반해 미국의 인문과학 분야에는 수학, 자연과학 계열, 인문, 사회 계열이 모두 포함되어 있다.―옮긴이)

내가 생각하기에 오늘날에는 교육 시스템의 한계가 어디인가를 시험해보는 흥미로운 학문상의 문제가 존재한다. 하지만 지금 당장 요구되는 긴급한 교육적 과제는 직선적인 지식 전달 모델을 채용하고 있는 현재의 관행을 해결하는 것이다. 요즘 학생들은 짧은 순간에 다양한 정보 흐름을 처리하는 데 익숙하다. 이러한 학생들에게 지금의 교육 시스템은 한 줄의 생각이 50분 후에 지적인 클라이맥스를 불러일으키는 독백과 같은 강의 방식을 적용하고 있는 것이다. 한때 교수는 도서관이라는 수직갱도에 수년간 틀어박혀서 몽매한 사람들은 사실상 접근할 수 없는 경제적 지식을 소유한 존재를 뜻했다. 그러나 이제 그 심오한 대상의 대부분은 위키피디아를 통해 쉽게 얻을 수 있다. 그리고 고등교육의 부가가치를 구성하는 가장 큰 조각은 더 이상

순수한 지식이 아니게 됐다.5 이는 고등교육 시스템이 마주칠 수밖에 없는 도전이다.

　21세기 학교가 이룬 가장 중요한 지적 발전은 철학, 경제학 및 문학 연구와 자연과학 이외의 영역인 생명과학 특히 신경생물학, 유전학, 심리학과 관련이 있다. 아직 이 영역에서의 집중과 협력은 건재해 보인다. 즉 고등교육 시스템은 설립된 목적에 따라 잘 기능하고 있다. 따라서 사람들이 함께 다양한 방면으로 생각하도록 도움으로써 더 나은 사고를 할 수 있게 한다.

　그러나 앞서 언급한 네 가지 문제를 해결하는 데에는 고등교육 시스템이 그다지 융통성이 있어 보이지는 않는다. 나는 이 책의 대부분을 역사학의 관점에서 집필했다. 내 주장을 이렇게 펼쳐놓고는 있지만 규범주의자로서 훈수를 두려는 것은 아니다. 내가 집중하고자 하는 것은 현재 나타나는 문제의 배경이 되는 이야기다. 우리가 역사를 탐구하면서 얻을 수 있는 교훈 중 하나는 '반드시 그래야만 하는 법은 없다'는 것이다. 이러한 의미에서 각 장의 끝 부분에 만약 교수들이 자신들이 하는 일을 다르게 생각했더라면 고등교육은 어떻게 됐을까 하는 추측을 적어두었다. 그러나 특별한 의도가 있는 것은 아니다. 내가 지지하는 개혁은 어디까지나 기존 시스템에 충격을 주는 것이지 완전히 파괴하는 것이 아니다. 지식으로 살아가려면 어느 정도의 위험은 감수할 필요가 있다고 본다.

　고등교육의 역사에 관심을 두게 된 이유 가운데 하나는 내가 영문학 교수이기 때문이다. 사실 1980년대 이후 많은 영문학 교수가 고등교육의 역사나 적어도 영문학과의 역사에 관심을 두게 됐다. 내가 고등교육의 역사에 관심을 두게 된 또 다른 이유는 직업상 학교생활과 약간 삐딱한 관계였기 때문이다. 물론 이것이 나에게 학문 세계에 대한 특별한 통찰력을 주지는 않는다. 하지만 대부분의 교수가 현재와 같은 방식으로 학문 활동을 하는 이유에 호기심이 생겼다. 나는 오랫동안 19세기 지적 역사에 대해 작업을 해왔다. 그러한 작업을 하는 이라면 누구라도 반드시 고등교육의 역사에 관심을 둘 수밖에 없다. 근대 연구 대학의 등장이 전체의 큰 부분을 차지하기 때문이다. 근대 미국 고등교육 시스템은 과거에도 그러했지만 지금도 여전히 위대한 사회적 업적이다. 다만 해결해야 할 문제가 몇 가지 있을 뿐이다.

루이스 메넌드

차례

• 저자의 말

Chapter 1 교양교육의 문제점 015

Chapter 2 인문학 혁명 051

Chapter 3 간학제성間學制性과 불안감 081

Chapter 4 왜 교수들은 모두 똑같이 생각하는가 113

Chapter 5 결론 141

• 감사의 말 146
• 주 149
• 찾아보기 167

우리시대의이슈 | 인문학 서바이벌

Chapter | 교양교육의 문제점
The Problem of General Education

1

교양교육general education은 모든 학생이 자신의 전공과 흥미에 상관없이 필수로 수강해야 한다. 비전공자의 수준에 맞춰져 있기 때문에 '교양general' 교육이라 불린다. 다시 말해 어떠한 학생이든지 무언가를 배우고 좋은 점수를 받을 수 있으리라는 기대를 품고 수강 신청을 하는 과목이다. 학 대학교의 교양교육은 교수진이 모든 학생이 수강해야 할 과목으로 선택한 것으로서 그 대학의 전반적인 교육 철학을 반영한다. 이는 교수진이 어떠한 필수과목도 선택하지 않을 경우에도 마찬가지다. 선택으로 발생할 가능성을 생각해보면 아무것도 선택하지 않았다는 것에는 상당한 의미가 담겨 있다. 교양교육은 교수진이 대학 교육의 진수라고 생각하는 것 중에서도 핵심을 이루는 것으로, 기존 교양 프로그램에 변화를 주거나 새로운 강좌를 도입하는 것은 상당한 노동을 요하는 작업이다. 따라서 교양교육을 개정하는 과정에서 교수진과 대학, 그리고 지식 상태에 관한 많은 것이 드러나게 된다. 그뿐만 아니라 수많은 편견과 불안감, 많은 기대와 이상도 표면화된다. 또한 이러한 교양교육에 많은 사람의 이해관계가 얽혀 있다는 사실도 알 수 있다.

새로운 교양교육 교과과정을 설계하고 이를 학부에 판매하는 과정은 사뮈엘 베케트Samuel Beckett의 희곡에 비유되는데, 이러한 비유는 적절하지 않다. 베케트의 짧은 희곡보다는 찰스 디킨스Charles Dickens의 《황폐한 집Bleak House》에 나오는 '잔다이스 대 잔다이스 소송Jarndyce v. Jarndyce'이나 한없이 길고 결론 없이 되풀이되는 정신분석학에 비유하는 것이 더 적절해 보인다.[1] 그런데 여기에는 해결해야 할 정치적 문제가 하나 있다. 바로 교양 과정을 가르치는 교수는 소수에 불과한데 모든 교수가 교양 과정에 참여하기를 원한다는 것이다. 모든 학부에서 다른 과목을 전공하는 학생들을 위한 과목을 개설하고 교수를 채워 넣는 것보다 더욱 중요한 당면 과제이자 최우선으로 생각하는 것은 학부에 속하는 전공과목과 (대학원이 있는 경우) 대학원생들이다. 반면 모든 학부는 자신들의 과목이 어떻게든 필수 이수 과목에 포함되기를 원한다. 예를 들어 X 학과의 일원들은 보통 X 학과의 과목이 모든 학생이 필수로 수강해야 하는 과목에 포함되는 경우에만 새로운 이수 프로그램에 찬성할 것이다.

또한 이러한 프로그램 뒤에는 철학적 문제가 내재하고 있다. 이것이 특정 과목들이 필수과목으로 제안되는 근본적 이유다. 교양교육은 모든 교수가 함께 나눠 먹어야 하는 커다란 밥그릇이다. 그리고 모든 이해관계자는 이를 깊이 생각해본 적이 있든지 없든지 자신들이 이러한 프로그램에 대해 놀랄 만큼 확고한 견해가 있음을 깨닫게 되는 대상이기도 하다. 교수, 학생, 학부모, 동문 및 기타 대학 공동체의 일원들은 고등교육의 목적에 대해 어렴풋이 어떠한 생각을 가지고 있는지 완전히 모습을 드러내지 않다가 교양교육에 대해 논의가 진행되면 그제야 가지고 있던 생각이 부각되는 경향이 있다. 대학교수가 고등교육에 대한 자신의 철학을 분명히 표명해야 할 경우는 흔치 않다. 그래서 대학교수들은 학부생을 지도하는 학문 활동이 가진 궁극적 목적에 견해차가 있을 수 있지만 이에 대한 논의가 이루어지는 일은 거의 없다.

그러나 교양교육의 근본적인 문제는 어떠한 과목을 교양교육 교과과정에 포함할지 결정하는 정치적 문제나 대학의 의미에 대한 철학적인 논쟁에 있지 않다. 교양교육의 문제점은 교양교육을 인문과학 교육에 '삶에 대한 준비'라는 임무를 추가하려는 시도로 볼 수 있는데, 이러한 시도의 이론적 근거가 자유교육liberal education(이 책에서는 자유교육이 교양교육과 같은 뜻으로 쓰인다.-옮긴이)이 스스로 내렸던 전통적인 정의와 반대된다는 것이다. 이것이 바로 교양교육에 대한 자기모순적 반응, 즉 인문과학 분야의 교수들이 교양교육을 원하면서도 동시에 이와 거리를 두고 싶게 만드는 이유다. 이러한 모순은 하루아침에 생겨난 것이 아니라 긴 역사를 가지고 있다.

2

교양교육에는 두 가지 기본 시스템이 있다. 바로 배분 모델distribution model과 핵심 모델core model이다.[2] 배분 모델은 대부분의 대학이 시행하고 있는 기본 시스템으로 학생들이 졸업하기 위해 보통 자연과학, 사회과학, 예술 및 인문학art and humanities 등 인문과학 분야에 속하는 세 개 학과에서 한 과목씩 총 세 개의 수업을 필수로 수강하도록 하는 것이다. 스와스모어 대학과 예일 대학교에서 시행 중인 시스템을 예로 들 수 있다.3 배분 이수제distribution requirement는 앞서 말한 전반적인 문제를 피할 수 있는 완전하고 훌륭한 방법이다. 이 제도의 원리는 '폭넓음과 깊음'인데, 학생들은 자신들의 전공과목을 집중적으로 학습하고 다른 학부의 과목을 조금씩 맛보기로 배우며 보충하게 된다.

그러나 폭넓은 분야를 학습하는 것 자체가 의의 있는 교육적 목표인지에 대한 문제는 차치하고서라도 폭넓은 학습이란 어느 정도 희망 사항일 수도 있다. 별도의 제약이 없다면 학생들은 배분 시스템을 마치기 위한 가장 유리한 방법을 골라낼 수 있게 된다. 가령 '시인을 위한 물리학' '물리학도를 위한 시' 같은 개론 과목이나 통과하기 편하다고 알려진 과목만 골라서 수강할 수 있다. 거의 모든 대학에 이러한 강좌들이 존재하며 이는 고객의 요구에 따른 자연적 반응이다. 또는 마음에 드는 단일 전공 안에서 학부 과목 세 개(인문학 이수 요건을 채우기 위해 음악 과목 세 개, 또는 자연과학 이수 요건을 채우기 위해 심리학 과목 세 개)를 수강하는 방법도 있다. 설령 이러한 과목들이 모두 중요하다고 해도 이러한 강좌를 수강하는 것이 반드시 폭넓은 학습을 뜻하지는 않는다. 브라운 대학교에는 필수 교양과목 자체가 없다. 이는 학생들이 자신들이 선택하는 과정에 얼마나 교묘한 장애물 코스가 놓여 있는지 개의치 않고 자신의 흥미에 따라 강좌를 선택할 것이라 기대하며, 이를 통해 폭넓은 학습에 대한 최대한의 기회를 제공할 수 있다는 사실을 인정하는 것으로 볼 수 있다.[4]

일부 대학들은 배분 이수제에 포함되는 강좌의 범주를 세분화하거나 그 수를 제한하고 있다. 버지니아 대학교에서는 사회과학, 인문학, 사적 연구, 비서구적 관점, 수학을 포함한 자연과학 등 다섯 개 학부에서 각각 하나의 강좌를 의무적으로 수강해야 한다. 그리고 프린스턴 대학교는 인식론과 인식, 사적 분석, 문학과 예술, 양적 추론, 과학과 기술, 사회 분석의 일곱 개 범주에서 한두 과목을 의무적으로 수강하도록 하고 있다. 또한 웨슬리언 대학교를 비롯한 많은 대학은 대학 요람에 교양교육으로 적합하다고 여겨지는 강좌를 명시해두었다. 필수 이수제를 충족시키기 위해 학과 강좌를 들어야 한다는 것이 모든 배분 시스템의 핵심이다. 배분 이수제는 비전공자가 들을 수 있을 만한 강좌를 개설하는 과업을 학과에 맡겨버림으로써 교양교육 교육과정의 고안과 운영에 관한 문제를 교묘하게 처리해버린다. 이론상으로 어떤 학과든 수강생이 늘어나는 것을 반기기 때문에 이것이 교양 강좌를 개설할 동기로 작용한다고 볼 수 있다. 하지만 문제는 자신들의 책임을 회피하고 교양교육 강좌 개설을 다른 학과에 떠넘겨버린다고 해서 학과가 불이익을 받는 경우는 거의 없다는 데 있다.

한편 핵심 모델의 핵심 요소는 모든 교양 강좌 또는 거의 모든 교양 강좌가 공통 교과목으로 구성돼 있다는 것이다. 이러한 강좌들은 보통 대학 요람에서 별도의 공간에 자리 잡고 있다. 소속 대학의 교수진이 대학에서 공부한 사람이라면 반드시 알아야 한다고 생각하는 것들로 구성했으며 일반적으로 비전공자를 위한 강좌라고 할 수 있다. 예를 들면 퍼모나 대학에서 시행되는 학제간 비판적 연구 세미나처럼 때로는 모든 신입생이 수강해야 할 필수과목이 될 수도 있다(이 과목을 이수한 뒤에는 제약이 덜한 배분 이수제를 따른다). 또는 컬럼비아 대학교와 하버드 대학교처럼 완전한 공통 교과 과정의 형식을 취할 수도 있다.

배분 모델은 핵심 모델보다 운영 비용이 적게 들고 단순하므로 이 두 접근 방법을 혼합해 사용하는 대학도 있다.[5] 그러나 기본 형식에서 볼 때 두 시스템은 근본적으로 교육이란 무엇인가에 대해 매우 상이한 개념을 반영하고 있다. 배분 모델의 이면에는 교양 학습은 물리학에서 시에 이르기까지 다양한 학과로 세분화된 학문 분야들이 모두 함께 헤엄쳐 노니는 바다와 같은 공간이라는 생각이 전제돼 있다. 즉 교양교육은 하나의 특정한 지식체로 축소될 수 없는 것으로 정신적 배경, 사고방식, 모든 전문화된 탐구의 영역에서 이루어지는 작업에 영향을 미치는 지적 DNA라고 할 수 있다. 대학은 교양교육을 함으로써 이러한 DNA를 학생들에게 전달하고자 애쓴다. 따라서 적절하게 지도되는 모든 교양 강좌는 앞서 말한 특정 정보에 더해 일련의 지적 기술과 태도를 학생들에게 전파하게 되며 이를 습득한다는 것은 교양교육을 받은 사람이 된다는 의미다. 하지만 교양교육이 강조하는 이러한 기술과 태도는 시간에 따라 변할 수도 있다. 예를 들어 지난 20년 동안에는 '가치'와 '다양성'이라는 개념이 강조됐다. 하지만 이는 '청렴'과 '과학'으로 대표되는 교양교육이 더 중시됐던 1950~1960년대에는 그다지 많이 들어볼 수 없었던 단어였다. 그러나 그것이 무엇이든 상관없이 이러한 정신적 경향은 대학 생활에서 얻을 수 있다. 이 같은 이유로 결국 배분 시스템에서는 학생들이 어떤 강좌를 수강하는지는 별로 중요하지 않다.

반면 핵심 프로그램의 이면에는 학생들이 반드시 알아야 할 특정한 것이 존재한다. 컬럼비아 대학교는 모든 학생이 졸업하기 전까지 반드시 읽어야 할 도서 목록을 선정해두었다. 또한 하버드 대학교에는 1970년대 말부터 시행 중인 프로그램이 있는데, 이 프로그램에는 학생들이 학습해야 할 특정 탐구 방식이 존재한다는 신념이 반영돼 있다. 컬럼비아 대학교에는 학생들에게 필요한 것을 채워주려면 문학 강좌만으로는 부족하다고 여겨 고전 문학을 연구하는 문학인문학literature humanities을 반드시 수강하도록 하고 있다. 하버드 대학교 학생들 역시 역사 강좌 외에도 사전 분석 방법에 대한 개론 강좌를 반드시 수강해야 한다. 핵심 프로그램을 시행하는 이유는 인문과학 분야를 구성하는 별개의 지식체가 존재한다고 생각하기 때문이다. 그래서 일부 대학들이 교양교육 강좌를 위한 공통 교과 명부를 만들고자 애쓰는 것이다.

그렇다면 교양교육이라는 개념은 어디서부터 나왔을까? 정해진 학과의 강좌를 필수로 수강하도록 하는 것은 고대 시대의 학습 개념을 따른 것이다. 전근대적인 대학의 유물이라 할 수 있는데, 그 당시 대학에서는 모든 학생에게 수강해야 하는 과목이 정해져 있었다. 그러나 그 당시처럼 모든 것이 규정된 상황이라면, 교양교육이라는 개념 자체가 불필요했을 것이다. 그런 점에서 교양교육은 과거의 망령이 아니라 20세기에 나타난 현상으로, 어떤 면에서는 근대 대학의 탈근대적인 부분이라 할 수 있다. 이러한 교양교육의 개혁을 협상하기

어려운 문제로 만드는 것은 바로 교양교육의 어떤 부분이 근대적인
가 하는 문제다.

교양교육은 1920~1980년대 미국에서 연구 대학의 증가에 발맞추
어 생겨났다.6 연구 대학의 특징은 바로 전문화된 것으로서 교사들은
훈련받은 전문가이며 학부생들은 자신의 흥미에 따라 전공 분야를
선택한 다음 대학 요람에서 제공하는 다른 강좌 중 몇 개를 선택과목
으로 고르게 되어 있다. 이러한 종류의 교육은 교양교육의 개념과 밀
접하게 관련된 두 유형의 비평가에게 관심을 불러일으킨다.

첫 번째는 근대 대학의 교육이 지나치게 편협하고 실용적이라서
전문 직업을 갖기 위한 준비에 집착하게 만들거나 겉핥기식으로 선
택과목을 듣는 정도로는 절대 얻을 수 없는 과도한 전문화를 초래했
다고 보는 유형이다.7 이러한 비평가들에게 교양교육은 전공 및 선택
과목으로 구성된 교과과정이 제공하지 못한 무언가를 가리키는 것으
로서 다양한 방식으로 정의 내릴 수 있다. 컬럼비아 사범대학의 아서
러바인Arthur Levine은 1978년 출판된 《학부 과정 편람Handbook on
Undergraduate Curriculum》8에서 '교양교육'이라는 용어의 여러 의미를
열거하고 있다. 때때로 세기말의 교육자들은 교양교육을 종종 '교양
문화'라고 불렀는데, 이들에게 교양교육이란 전문 분야의 가치와 다
르거나 반대되는 가치를 배양하는 것이었다. 한때 근대 대학에서는
종교가 과학에 밀려난 것을 보상하기 위한 시도로 도덕철학을 교양
교육 과정에 포함한 적도 있었다. 때때로 교양교육은 문화상에 존재
하는 영구적이거나 보편적인 어떤 것, 전문화된 학문을 초월하는 지
식으로 언급되기도 했다. 이러한 목표 모두 오늘날의 교양교육에 관

한 개념을 고수하고 있으며 대학 교육은 모든 단일 지식 분야나 이러한 지식 분야의 집단보다 훨씬 큰 무언가를 향해 나아가야 한다는 신념을 전제로 하고 있다.

그러나 정작 많은 대학을 고무했던 하버드 대학교와 컬럼비아 대학교의 교양교육 프로그램이 수립될 수 있도록 기여한 것은 첫 번째 유형이 아닌 다른 유형의 비판에서였다. 두 번째 유형은 근대 대학이 지나치게 실용적이고 '성공하는 것'에 초점을 맞추고 있다기보다는 교수들이 오히려 세상을 별로 경험하지 못하고 지식만을 위한 지식에 몰두함으로써 자신들의 학문 활동에 대한 사회화 측면을 무시하고 있다고 비판한다. 컬럼비아 대학교에서는 1919년에, 하버드 대학교에서는 1945년에는 시작된 교양교육 프로그램의 일대기를 살펴보면 이 프로그램들이 대부분 학교 밖 세상에서 일어나는 일들에 자극받았다는 것을 알 수 있다. 이는 매우 이례적인 경우로 사실상 교양교육이 얼마나 세상과 유리돼 있는지 알 수 있다. 교양 프로그램과 학교 밖 세상에서 일어나는 일이 완전히 다르기 때문에 이는 예외가 법칙을 증명하는 경우라 할 수 있다. 대학은 교양교육을 통해 교수들이 현재 학생들의 상태와 졸업 후 진로에도 도움이 되는 지식을 전할 수 있게 하며, 이를 통해 자신이 제공하는 경험이 어떠한 결과를 가져올지 스스로 생각할 수 있게 한다. 결국 역사적으로 볼 때 교양교육은 자유교육의 공적인 얼굴이 되는 것이다.

3

컬럼비아 대학교의 유명한 교양교육 강좌는 문학인문학(공식 명칭은 유럽 문학 및 철학 명작Masterpieces of European Literature and Philosophy이지만 비공식적으로 문학인문학)과 현대문명Contemporary Civilization(공식적으로는 서양 현대문명이지만 비공식적으로는 현대문명)이다. 전자는 《일리아드Iliad》를 시작으로 서양 문학을 살펴보는 1년 과정으로 모든 신입생의 필수 이수 과목이며, 후자는 그리스에서 20세기 이르는 도덕 및 정치사상을 살펴보는 1년 과정으로 모든 2학년생의 필수 이수 과목이다. 1940년대 문학인문학이 현대문명에 필수과목으로 추가된 이래로 강의 요목에 변화가 있었다. 1940년과 1995년 사이에 100권이 넘는 책이 문학인문학에서 다뤄졌는데, 셰익스피어의 희곡이나 19세기 소설이 다른 작품으로 바뀌는 상대적으로 미약한 변화만 있었을 뿐이다. 이러한 정통적인 안정성이 이 교양교육 강좌가 주는 기본적인 인상 가운데 하나다.[9]

이 강좌들은 각각 따로 생겨났다. 현대문명 강좌는 제1차 세계대전 당시에 '전쟁 목적War Aims'이라는 이름으로 시작됐다. 철학 교수이자 이후 대학원 학장이 되는 프레더릭 우드브리지Frederick Woodbridge가 강의를 맡았는데, 이는 학생육군훈련단SATC: Student Army Training Corps 학생들을 위해 미국 육군이 요청해서 고안된 프로그램의 일부였다. SATC는 ROTC의 전신으로 1916년 국가방위법National Defense Act에 의해 창설됐다. 당시 컬럼비아 대학교의 총장이었던 니컬러스 버틀러Nicholas Butler는 징병 반대 활동을 한 두 교수를 해고한 전력이 있는 우드로 윌슨Woodrow Wilson의 전쟁 정책 지지자였다. 그래서 동 대학의 역사학자인 로버트 매코헤이Robert McCauhey의 말을 빌리면, '전쟁 목적'은 균형이나 객관성이라는 허울을 벗어던져버린 노골적인 연합군의 변증학 강좌였다.[10]

휴전 협정 이후 이 강좌의 새로운 명칭으로 '평화의 목적'이 고려되기도 했지만 결국 '현대문명'이라는 이름이 채택됐다. 현대문명은 모든 신입생이 반드시 수강해야 할 1년짜리 강좌였다. 이 강좌는 동시대의 사회상을 중요시했으므로 학과 강좌보다는 교양교육 강좌로 분류됐다. 1919년 강의 계획서에서는 다음과 같이 설명하고 있다. "우리가 살고 있는 사회에는 크고 복잡한 문제들이 있으며 이에 대해 여러 의견이 치열하게 대립하고 있다. 따라서 인간은 자신이 살고 있는 사회에 작용하는 힘을 잘 이해하고 있어야 한다."[11] 처음 10년 동안은 1871년 이전의 자료는 수업에서 다루지 않았고, 학생들은 1차 사료를 보는 대신 교과서를 사용했다. 1928년, 앞서 말한 교과서 중의 하나인 《미국의 경제생활과 개선 방법American Economic Life and the Means of Its Improvement》(1925)의 저자이자 경제학자인 렉스포드 터그웰Rexford Tugwell은 대학이 '오늘날의 문제들Today's Problems'이라 불리는 두 번째 1년짜리 필수 강좌를 추가하도록 설득했다(터그웰은 1933년 컬럼비아 대학교를 떠나 루스벨트 대통령의 행정부에 참여했다). 1년을 추가함으로써 강좌에서 다룰 수 있는 역사 범위는 확장됐지만, 제2차 세계대전이 끝난 후에야 학생들이 현대문명 강좌에서 1차 문헌을 접할 수 있게 됐다. 오늘날 교수요목은 모두 1차 문헌으로 구성돼 있다.

제1차 세계대전에 대응하기 위해 개설된 컬럼비아 대학교의 교과과정은 다른 대학에서도 볼 수 있다. 다트머스 대학과 스탠퍼드 대학교 모두 '시민성의 문제Problem of Citizenship'라는 강좌를 비슷한 시기에 개설했다. 윌리엄스 대학은 '미국의 국가적 문제American National Problems'라는 강좌를 신설했다. 이들 모두 교양교육 강좌로, 각 학과의 범위 밖에 있는 지나치게 광범위하거나 시사적인 문제들을 다루었다. 미주리 대학교는 '영어 작문을 포함한 미국 시민성의 문제'라는 전시 강좌를 개설했는데, 제목에서 알 수 있듯이 이는 교육학적 끼워 팔기 상술을 노골적으로 보여주는 예다. 스탠퍼드 대학교의 '시민성의 문제'는 10년이 지난 후 이름을 '서양문명'으로 바꾸었다.12

대학이 서양의 정치적 전통에 관한 입문 과목을 필수 강좌로 개설했던 이유는 현대의 중대한 사회 문제와의 관련성이라는 다른 시대의 개념을 사용하기 위해서였다. 대학은 바깥세상에 눈을 돌려 당면 문제에 관심을 갖게 됐고, 전문적인 연구로는 얻을 수 없는 특정 지식이 존재한다는 사실을 학생들이 깨닫게 해야 한다는 판단을 내리게 됐다.

컬럼비아 대학교의 필수과목인 '문학인문학'의 숨은 공신은 영어 교수인 존 어스킨John Erskine이다. 어스킨은 이민자 출신이나 이민자 출신의 부모를 둔 많은 학생이 컬럼비아 대학교에 몰려오고 있다는 사실을 우려했다. 그가 가장 우려한 대상은 유대인 학생이었고, 결국 '위대한 앵글로·색슨 작가들'이라는 강좌를 제안했다. 이 강좌의 목표는 개종이 아닌 사회화에 있었다. 어스킨은 서로 다른 배경을 가진 젊은이들에게 그가 생각하기에 이미 미국에서 약해져버린 공통문화를 제공하기를 원했다.

'위대한 앵글로·색슨 작가들' 강좌의 역사는 복잡하게 얽혀 있다.

어스킨이 이 강좌를 제안한 것은 전쟁이 일어나가 전이었다. 하지만 실제로 강의할 수 있게 된 것은 1920년 이 강좌가 일반 우등 과정으로 알려진 2년짜리 강좌로 제안되고 나서였다. 이 강좌는 미국 대학의 인문학 분야에서 최초로 개설된 교양교육 강좌로 학생들에게 선풍적인 인기를 얻었다. 1925년까지 존재했던 학과 일곱 개 중 대부분은 여러 교수의 협동 수업을 진행됐다. 그리고 1928년, 어스킨은 사임했다. 동료들은 때때로 교양 교과과정의 지지자들처럼 어스킨을 호사가로 여겼다. 어스킨은 베스트셀러가 된 상업 소설 《트로이 헬렌의 사생활The Private Life of Helen of Troy》(1925)을 집필하기도 했다. 그 후 그는 그다지 깊은 애착이 없던 학계를 떠났다. '위대한 앵글로·색슨 작가들' 강좌는 1929년에 중단됐으나 1932년 역사학과의 강사이자 일반 우등 과정을 수강한 학생이기도 한 자크 바전Jacques Barzun이 다시 부활시켰다.

바전은 이 강좌를 '중요 도서 세미나The Colloquium in Important Books'라는 멋진 이름으로 바꾸고 1934년 대학원생이나 영문학과 강사인 라이어넬 트릴링Lionel Trilling을 초빙해 함께 강의했다. 트릴링 역시 어스킨의 학생 중 한 명이었다. 그는 영국 출신 어머니를 둔 유대계 이민자의 아들로 집에서 영문학을 접해보기는 했지만, 어스킨의 수업에서 깊은 인상을 받았다.13 바전과 트릴링의 공동 작업은 성공했고 그들은 때때로 같이 강의를 했다. 이 강좌는 계속 우등 과정으로 유지됐으므로 아무나 수강할 수 없는 과목이었으며, 컬럼비아 대학교 역사상 가장 유명한 강좌 중 하나가 됐다. 교수들은 모든 학생이 수강할 수 있도록 유사한 강좌를 개설해야 하는지 논쟁을 벌였고, 이 논쟁은 1937년 서양 문학을 다루는 인문학 AHumanites A와 음악 및 예술을 다루는 인문학 BHumanites B 과목이 도입될 때까지 계속됐다. 1947년 두 과목 모두 필수과목으로 개설됐다. 그해는 컬럼비아 대학교의 핵심 과정에 인문학이 포함되기 시작했음을 알리는 해였다.

컬럼비아 대학교 교양교육 프로그램은 오랫동안 살아남으로써 스스로 가치를 증명해 보였다. 그럼에도 교양 과정은 시작부터 많은 교수의 반대에 부딪혔으며 1945년 이후 특히 1960년대에는 교수를 충원하는 데 많은 어려움이 있었다. 초창기에 이러한 강좌를 지도한 교수는 어스킨, 바전, 트릴링, 터그웰, 클리프턴 패디먼Clifton Fadiman, 조지프 크러치Joseph Krutch, 마크 반 도렌Mark Van Doren, 모티머 애들러Mortimer Adler와 같은 사회 참여 지식인이었다. 동료 교수들은 자신들이 엄격한 의미에서 학자에 가깝다고 생각했고, 이들이 동료들에게 보인 태도 역시 호의적이지 않았다. 로맨스어학과의 중세 사학자들은 트릴링처럼 단테를 강의하는 빅토리아 시대 문학의 교수에게 필요한 자질이 무엇인지 알 수 없었다. 애들러와 리처드 매키언Richard Mckeon이 컬럼비아 대학교를 떠나 시카고 대학교로 갔을 때, 시카고 대학교의 학장인 로버트 허친스Robert Hutchins 밑에서 그들이 개설한 교양 교과과정은 '고전'에 치중한 컬럼비아 대학교의 강좌보다 더욱 전통적인 과목이었다. 그러나 시카고 대학교에서조차 전문가 출신 교수진의 저항이 있었다. 결국 스트링펠로 바Stringfellow Barr와 스콧 뷰캐넌Scott Buchanan, 이 두 교수는 시카고 대학교를 떠나 아나폴리스의 세인트존스 대학으로 가게 됐으며 그곳에서 가장 순수한 고전 교과과정을 설립했다.[14]

하버드 대학교의 교양교육 프로그램 또한 전시 경험에서 생겨났다. 그 역사와 명성으로 생각해볼 때 하버드 대학교는 고등교육의 보수적이고 전통적인 모델을 대변하는 듯했다. 물론 실제로도 이 대학이 교육학적으로 진보적인 학교는 아니다. 하지만 종종 교육적 변화를 선도해온 것도 사실이다. 하버드 대학교에는 개혁적인 성향의 학장들이 있는데, 제임스 코넌트James Conant 역시 그중 하나다.

코넌트는 1933년에서 1953년까지 하버드 대학교의 학장으로 있었다. 그는 도체스터 출신의 도시 촌뜨기로 하버드 대학교를 졸업한 후 화학과 교수가 됐다. 코넌트가 명문 보스턴가 출신이자 하버드 대학교의 이전 학장이었던 A. 로런스 로웰A. Lawrence Lowell의 뒤를 이을 만한 인물로 당연시됐던 것은 아니다. 코넌트는 자신의 모교인 록스베리라틴 고등학교의 새로운 교장을 논의할 때도 열외가 되는 인물이었다. 그러나 결국에는 미국 교육과 미국 정보에서 영향력이 있는 인사가 됐다. 그가 가장 긴밀하게 관여한 교육 개혁은 대학 입학과 교수 승진에 능력 위주의 시스템을 수립하는 것이었다. 코넌트가 총장으로 재직하던 중, 하버드 대학교는 뛰어난 자질을 갖추었지만 경제적인 문제 때문에 학교를 다니지 못하거나 지원서를 넣을 생각조차 하지 못했을 학생들을 선발해 장학금을 수여했다. 또한 교수 승진을 위한 요건을 공개했고, 하버드 대학교 학장의 특권으로 종신 재직권을 거부함으로써 젊은 교수들이 다시 하버드 대학교에 기용되기 위해 다른 대학에서 충분한 학식을 쌓도록 했다. 또한 코넌트는 근본적으로 문화 중립적인 방식으로 소질을 평가하는 IQ 검사 방법인 미국 대학수능시험SAT이 널리 채택되게 한 숨은 공신이었다. 뿐만 아니라

1948년에 시작된 미국 교육평가원ETS: Educational Testing Service의 설립에 기여하기도 했다.15

1943년 코넌트는 교수 위원회를 임명했다. 여기에는 역사학자 아서 슐레진저 시니어Arthur Schlesinger Sr., 현대 영문학의 선구자 I. A. 리처즈I. A. Richards, 고전주의자 존 H. 핀리John H. Finley와 생물학자이자 노벨상을 받기도 한 조지 월드George Wald가 참여했으며, 예술 및 과학 학부 학장이자 역사학자인 폴 벅Paul Buck이 의장을 맡았다. 코넌트의 말을 빌리면 그는 "학생들이 공통으로 간직하게 될 사회에 대한 (…) 공통의 이해"를 제공할 교과과정을 고안할 책임을 위원회에 맡겼다.16 위원회는 하버드 대학교의 안팎에서 2년 동안 폭넓은 연구를 수행했고 1945년 자체 보고서를 제출했다. 이는《자유 사회에서의 교양교육General Education in a Free Society》으로, '하버드 보고서' 또는 진홍색 표지 때문에 '레드북Red Book'이라고 불리기도 한다. 이 보고서는 하버드 대학교뿐 아니라 전국의 독자를 겨냥한 것으로 고등학교 교양교육에 대해 논의하고, 미국인의 삶에 어떠한 변화에 있었는지를 분석해 교양교육이 필요할 수밖에 없는 이유를 제시한다. 제3차 교육(고등교육을 가리킨다.-옮긴이)에서 K-12(유치원에서 고등학교를 졸업할 때까지의 교육 기간-옮긴이)는 별개로 취급되기 때문에, 대부분의 교육 저서들을 살펴보면 교양교육에 대한 논의에서 고등교육은 제외된다. 또한 이 보고서는 하버드 대학교에 인문학 고전서 강좌, 마찬가지로 '고전' 위주의 강좌인 사회과학, 자연과학의 세 분야에 해당하는 강좌를 포함한 교양교육 시스템을 채택할 것을 권유한다. 이 제도의 채택 여부는 교수진의 투표로 결정됐으며, 교양교육 강좌는

3년간의 시범 운영 기간을 거친 후 1950년 필수과목으로 채택됐다.

이는 교양교육 프로그램에 대한 하버드 대학교의 첫 번째 시도였다. 그러나 컬럼비아 대학교에서처럼 행복한 결말을 누리지는 못했다. 하지만 이것이 하버드 대학교 학부 교육에 어떠한 영향을 끼쳤는지는 차치하고서라도 레드북은 두 가지 측면에서 중요한 의미를 지닌다. 첫 번째는 책으로서의 성공이었다. 이 책은 1950년대까지 4만 부 이상이 팔려나갈 정도로 널리 읽혔고 책 내용에 대한 광범위한 논의도 이루어졌다. 이는 교양교육과 관련해 경쟁 관계에 있던 컬럼비아 대학교로서는 약이 오르는 일이었으며 이러한 상황은 오늘날까지도 계속되고 있다.[17] 그러나 컬럼비아 대학교가 이에 대해 분명하게 표명한 적은 없다. 레드북을 통해 대학이 실제로 완전한 교양교육 프로그램을 도입하게 됐는지 여부는 차치하더라도 이 책의 의의는 대학 스스로 "모든 학생이 꼭 알아야 할 것이 무엇인가?"라는 문제에 주의를 기울이게 했다는 점에 있다.

하버드 보고서가 중요한 의의를 지니는 또 다른 이유는 이론적 근거에 있다. 《자유 사회에서의 교양교육》은 냉전 시대의 문서다. 이 문서의 결론은 '트루먼 대통령의 고등교육위원회'가 내린 결론과 상당 부분 일치한다. 교육가 조지 주크George Zook가 이끄는 이 위원회는 1947년 국가 자원으로서의 고등교육에 중점을 둔 보고서를 발간했다.[18] 이 보고서는 미국 경제력의 발전을 위해서는 고등교육에 투자하는 것이 중요하다고 주장한다. 하버드 보고서의 저자들은 또한 국가의 건강에도 관심을 보였다. 이들은 전후 미국 사회에 드리운 두 가지 위험을 발견했다. 하나는 사회경제적 차이로 인한 소득 격차에 따라 국민을 차별하는 것이다. 그러나 그 자체는 교육적 성과의 한 역할이기도 하다. 그럼에도 코넌트의 위원회는 더 나은 교육을 받은 사람들이 그렇지 않은 사람들에 비해 불균형에 가까울 정도로 더 많은 부를 획득하게 되는 상황을 우려했다. 그러한 사회경제적 차이(이는 종교, 인종 또는 다른 유형의 차이를 의미하는 것이 아니다)는 사회 계층 간의 분노를 불러일으킬 수 있는 위험을 내재하기 때문이었다. 언뜻 이는 마르크스주의자와 다른 체제 전복주의자들에게 유리할 비옥한 토양을 제공하는 듯 보이기도 한다. 이 밖에도 보고서에서 우려한 또 다른 위험은 지적 상대주의, 즉 일련의 공통적인 신념을 갖추는 것을 소홀이 여기는 것이었다. 사회적 유동성이 증가하고 교회, 가족, 지역 단체 같은 전통적인 기관의 권위가 감소하면서 지적 상대주의가 약화됐고 그 결과 미국인을 이데올로기 주입과 광신주의에 취약해지게 만들었다. 이에 코넌트는 미국이 '러시아 무리Russian hordes'[19]라고 불리는 존재의 위협을 이겨내는 데 특히 교양교육이 도움이 되리라 믿었다. 이러한 이유로 하버드 보고서는 고등학교에서의 교양교육을 논하는 데 많은 페이지를 할애했다. '교양'은 말 그대로 모든 사람에게 해당하는 교육이었다.

보고서의 저자들은 교양교육이 끼치는 가장 큰 효과는 "모두를 하나로 묶는 경험"을 학생들에게 제공하는 것으로 생각했다.[20] 정치적으로 위험한 분열이 발생하는 것을 막고자 능력을 중시하는 사회의 국민에게는 공통 지식, 다시 말해 일종의 문화적 공통어가 필요하다는 것이다. 하버드 대학교의 모델에 따르면 고전을 읽는 이유는 시대를 초월하는 분명한 진실을 알기 위함이 아니다(물론 위원회 회원들은 이렇게 믿었을 수도 있다). 고전을 읽는 이유는 단지 그동안 많은 사람이 그렇게 해왔기 때문이다.[21] 다시 말해 플라톤, 루소 또는 밀이 근본적인 인간의 속성에 적합한지가 중요한 것이 아니라는 뜻이다. 중요한 것은 우리가 호메로스, 셰익스피어, 세르반테스의 영향을 어느 정도 받은 문학 작품을 볼 수 있는 세상에 사는 것과 마찬가지로 플라톤, 루소, 밀의 사상이 어느 정도 반영되어 만들어진 사회에 살고 있다는 점이다. 이들 모두는 현대 문명과 논의의 시금석이다. 또한 그 이상으로 변호사이든 택시 운전사든 상관없이 모든 시민을 하나로 묶어주는 공통 유산이다. 바로 레드북이 꿈꿨던 대로 동일한 연령대의 무리가 각자의 재능과 장점에 따라 서로 다른 교육적 길로 나뉘게 되는 사회경제학적으로 다양한 세상에서 교양교육이 사회적 접착제의 역할을 하는 것이다.[22] 컬럼비아 대학교가 제2차 세계대전 시기에 이미 했던 일을 하버드 대학교는 냉전 시대 초기에 했다. 그것은 시대가 당면한 과제를 완수하기 위해 특별히 개설된 강좌들로 학과 위주의 교과과정을 보완하는 것이었다. 이는 결과적으로 대학 교육이 공적인 면모를 갖추게 하는 것이었다.

코넌트가 위원회의 권고 사항에 완전히 만족한 것은 아니었다. 그는 교양교육을 전문가에게 전담해서는 안 되며 진작부터 교양교육을 전담하는 교수가 있어야 한다고 생각했다. 그러나 현실은 그의 생각처럼 이루어지지 않았고, 코넌트는 이러한 실패로 경력에 많은 타격을 받았다. 이 프로그램은 하버드 대학교의 한 역사학자의 말을 빌리면 "목표에 대한 풍자적 왜곡"을 겪었다. 교양 프로그램에 전문 과학이 포함되면서 점차 그 의미가 퇴색했고, 끝내는 학생들이 '스칸디나

비안 영화'와 같은 과목으로 이수제를 마칠 수 있을 정도가 됐다. 결국 1996년에 이르러 이 프로그램은 사실상 폐지됐다.[23] 그 후 하버드 대학교가 또 다른 교양 교과과정을 고안하고 시행하기까지는 10년 이상이 흘렀다. 그 원인 중 하나는 1960년대의 학업 생활이 의견 일치나 규범이라는 개념에 친숙하지 않아서 교양과목을 부활시키는 데 어려움이 있었기 때문이다. 이뿐만 아니라 교양교육 프로그램이 인문과학 대학의 자기 면역 시스템을 자극하는 경향이 있어서 어려움을 겪기도 했다. 그 이유가 무엇인지를 이해하려면 또 다른 교육 운동가 찰스 엘리엇Charles Eliot을 살펴볼 필요가 있다.

4

1869년 엘리엇은 하버드 대학교 총장이 됐다. 그의 분야는 화학이었지만 그의 후임자인 코넌트와 달리 그다지 뛰어난 화학자는 아니었다. 사실 엘리엇은 새로운 학과장 선출에서 밀려난 후 1863년 하버드 대학교 교수직에서 물러났다. 그 뒤 유럽으로 가서 다양한 나라의 교육 시스템을 연구하며 2년을 보냈다. 1865년 미국으로 돌아온 엘리엇은 매사추세츠 공과대학MIT에서 화학과 교수 자리를 맡았다. 그 당시 매사추세츠 공과대학은 전문 과학자 양성을 목적으로 이제 막 설립된 시기였기 때문에 많은 이가 직업학교로 여겼을 것이다. 이러한 맥락에서 볼 때 하버드 대학교 감독 이사회가 이 학교에 재직하는 엘리엇을 선택한 것은 매우 급진적인 행동이었다. 그러나 엘리엇이 임명된 것은 미국의 고등교육이 변화하고 있다는 뜻이기에 하버드 대학교는 자신의 위신을 실추시킬 위험을 감수했다고 볼 수 있다. 하버드 대학교가 엘리엇을 선택한 것은 개혁을 원했기 때문이다. 엘리엇은 1869년에 취임해 40년 동안 재직하면서 기대를 저버리지 않았다.[24]

 엘리엇은 은퇴할 때까지 현대의 연구 대학과 전쟁 전의 대학을 구분하는 거의 모든 것을 지지하며 긴밀하게 관여했다. 부모대위권(라틴어 'in loco parentis'에서 나온 말로, 민주주의 제도에서 교육은 공교육이든 사교육이든 일차적으로 부모의 권리와 책임이라는 기본 원칙-옮긴이) 포기, 필수 과정 폐지, 학부생을 위한 선택과목 시스템 도입, 예술 및 과학 분야에 박사 과정을 포함한 대학원 설립, 대학의 중요한 임무로서 순수 및 응용 연구의 등장이 그것이다. 엘리엇은 이 모든 것을 개발하는 데 독보적인 역할을 했다. 결국 학교의 저명인사가 됐다. 그러나 그가 이 모든 것을 고안하지는 않았다. 이러한 개혁의 상당 부분은 하버드 대학교 이전에 이미 다른 대학에서 수립한 것이었다. 예를 들어, 예일 대학교는 1861년부터 박사 학위를 수여해왔으며 응용 연구에 대한 연구는 1862년 전시 의회에서 통과된 '모릴토지공여대학법 Morrill Land-Grant College Act'에 의해 시작됐다. 엘리엇과 가장 밀접한 연관이 있는 개혁은 선택과목 시스템이다. 엘리엇은 1899년까지 신입생 영어 강좌와 필수 외국어 강좌를 제외한 모든 필수과목을 없앴다. 임명되기 전까지 엘리엇은 선택과목 문제에 다소 모호한 입장이었다. 어느 정도는 선택과목 시스템의 이점을 심사숙고한 후에 내린 결정이었겠지만, 아마도 그가 취임하기 이전에 하버드 대학교 감독이사회가 더 많은 선택과목을 개설하도록 권장하는 내용의 보고서를

작성했기 때문에 필수과목을 없애는 쪽으로 마음이 변한 것으로 보인다.[25]

따라서 엘리엇의 역할은 다소 반동적이었다. 엘리엇은 트렌드를 재빨리 학습했으며 변화를 적극적으로 이행하는 실행가였다. 그는 하버드 대학교 교수진에게 '마을에 새로 부임한 보안관' 방식으로 혁신을 추구하기 위해 자신의 소신을 밀고 나갔다. 이는 하버드 대학교에서 효과적이었던 방식은 아니다. 그러나 그는 취임했을 때 정말로 독창적이고 혁명적인 아이디어를 하나 제시했다. 전문대학원 professional school에 입학할 때 학사 학위를 필수 요건으로 하는 것이었다. 겉보기에는 사소한 개혁으로 보이지만 이는 남북 전쟁이 끝나고 몇십 년 후에 이루어진 미국 고등교육의 변신에 핵심 역할을 했다.

엘리엇의 개혁 이전에 고등교육을 받은 학생들은 일반 대학과 법, 의학 또는 과학 전문대학원 중에서 진로를 선택할 수 있었다(19세기에는 이러한 과목들을 일반 대학이 아닌 다른 대학에서 배울 수 있었다). 엘리엇이 학장으로 부임한 첫해인 1869년, 하버드 법학전문대학원 학생 가운데 4분의 1이 대학에 다니지 않았기 때문에 학사 학위가 없었다. 이는 상당히 큰 수치다. 미시간 대학교에서는 의대생 411명 중 19명만이 입학하기 이전에 학위를 소지하고 있었으며, 법대생 387명 중 학위를 소지한 사람은 아무도 없었다. 결국 하버드 법학전문대학원에 입학하려면 '좋은 인성'과 교수들의 호주머니로 들어갈 수백 달러의 학비를 지불할 수 있는 능력을 증명하는 것 이외의 다른 요구조건은 없었던 셈이다. 성적표도 없었고 시험도 없었으며, 학생들은 2년간의 학업 과정을 끝내기 전에 종종 직업을 갖고 학교를 떠났다.

어찌 됐든 이들은 예정대로 학위를 받았다. 의학전문대학원은 형식 면에서 미진한 점은 있었지만 법학전문대학원보다는 양호했다. 하버드 대학교에서 의대 학위를 받으려면 학생들은 90분간 구술시험을 치러야 했다. 이 시험은 아홉 명의 교수와 아홉 명의 학생이 한 방에 앉아 10분씩 돌아가며 치렀다. 90분이 지나고 벨이 울리면, 교수들은 서로 의논하지 않고 칠판에 각자의 분야에 대한 합격이나 불합격 표시를 했다. 학생들은 아홉 개의 분야에서 다섯 개 이상만 통과하면 의사가 될 수 있었다.

엘리엇은 이러한 전문대학원의 관행을 불명예스럽다고 여겼다. 그는 총장직을 제안받기 바로 몇 달 전인 1869년 《애틀랜틱 먼슬리The Atlantic Monthly》에 이와 관련된 글을 기고했다. 이 글은 엘리엇이 총장으로 지명되는 데 거의 확실한 영향을 미쳤다. 1860년대 미국의 대학 등록률은 줄어들고 있었다. 그 이유 가운데 하나는 바로 쉽게 입학할 수 있는 전문대학원이라는 선택권이 있었기 때문이다. 하버드 대학교는 이를 매우 우려스럽게 보았고 대학 내에 개혁가가 필요하다고 여겼다. 엘리엇이 취임하자마자 즉시 하버드의 의학, 법학, 신학, 과학 대학에 입학과 졸업에 필요한 필수과목을 도입하기 시작했으며 대학의 특성에 맞는 중요한 교과과정을 개발하도록 했다. 이 일에는 상당한 시간이 소요됐고 실제로 1900년대에 이르러서야 하버드 의학전문대학원에 입학하기 위해 학사 학위가 필요해졌다.

엘리엇의 개혁은 미국 교육과 사회에 장기적으로 여러 가지 영향을 미쳤다. 우선 전문직을 전문화시켰다. 상당히 순조로웠던 이전까지의 여정에 장애물을 세워 미래의 의사나 법률가들이 본래의 전문가 자격 교과과정에 들어가기 전에 4년이라는 시간을 의무적으로 교양교육에 할애하도록 했다. 이로써 전문직을 가지려면 좀 더 까다로운 선발 과정을 거치게 되었고 법학, 의학, 과학, 공학의 위상을 높이는 계기가 되었다. 법학생들은 더 이상 편안한 사회생활을 누릴 수 있는 지름길을 찾는 10대들이 아니라, 해당 지식을 획득했음을 증명해야 하는 대학원생들이었다. 이 장애물을 넘지 못한 사람들은 전문직업을 시작할 수 없었기 때문이다. 결국 엘리엇이 행한 이 같은 개혁은 대학이 전문직 종사들에게 자격증을 부여하는 독점적인 사업에 착수하는 데 도움을 주었다.

19세기에 이루어진 진전 중 하나는 순수 연구가 대학이 행할 임무의 일부로 등장하게 된 것이다. 이는 교수들의 순수한 학문 탐구 활동은 비록 실용성은 없을지라도 그에 대한 보상이 주어져야 한다는 개념으로 엘리엇이 제일 관심 없었던 대상이다. 엘리엇은 학부 교육의 중요성을 믿었으며 선택과목의 옹호자로서 누가 가르치는가가 어떤 과목을 듣는가보다 더 중요한 문제라고 주장했다. 또한 그는 전문대학원의 사회적 가치를 믿었다. 그러나 자유방임주의에 너무 열중한 나머지 시장에서 가치가 매겨질 수 없는 연구를 신뢰하지 못했다. 그 결과 하버드 대학교는 1890년이 돼서야 공식적으로 예술과 과학 분야의 대학원을 설립했다. 이는 대학원 교육 역사에 견주어볼 때 다소 늦은 편이었으며, 더군다나 예술과 과학 분야의 대학원 박사 과정 교육은 다른 곳에서 추진해 설립한 것이었다.

그러나 엘리엇이 재빨리 깨달은 것처럼 일반대학원은 전문대학원와 같은 기능을 수행했다. 박사 과정과 대학 강사들이 박사 학위 PhD

를 반드시 가지고 있어야 한다는 요구 조건은 교수단을 더욱 전문화시켰다. 그 결과 법학 및 의학을 위한 기준처럼 체계화된 학문 기준이 세워졌다. 모든 학생은 동일한 장애물을 넘고 전공 학문에 대한 자신의 능력을 증명해야 했다. 장애물을 넘지 못하거나 경주에 참여하지 않은 사람들은 해당 분야에서 한쪽에 밀려나게 됐다. 19세기 말 대학은 20세기 중반의 용어를 따르자면 거대 종합 대학이었다. 이는 본질적으로 서로 중복되지 않는 전공들로 이루어진 복합체로서 전쟁 전의 대학보다 결집성은 다소 떨어졌다. 이러한 점은 지적 환경에 변화를 가져왔는데 모든 조직이 이에 적응하지는 못했다.

엘리엇의 개혁은 점점 대중적이고 유동적이며 물질주의적으로 변하는 사회에서 몰락하고 있던 교양과목을 구제했다. 1870년 18~21세의 남성 60명 중 한 명은 대학생이었으며 1900년까지 25명 중 한 명이 대학에 다녔다.[26] 엘리엇은 상류층 중에서도 상류층이었다. 그의 부친 새뮤얼 A. 엘리엇Samuel A. Eliot은 하버드 신학대학원을 졸업한 인물이었다. 또한 보스턴 시장이자 1선 하원의원이었으며 1857년 경제 공황으로 모든 것을 잃기 전까지 매사추세츠 주에서 가장 부유한 사람 중 한 명이었다. 그러나 엘리엇은 하버드 대학교와 같은 기관이 기존의 부와 계급적 위계질서를 영속화하기 위해 있다고 생각하지 않았다. 그는 발전하는 나라에서 사회 권력과 경제력은 출신과 유전에 상관없이 전문 지식을 소유하는 사람에게로 넘어갈 것이라는 사실을 잘 알고 있었다. 만약 교양교육이 부유한 사람들을 위한 선택적 사치로 남아 있었다면 대학은 사라져버렸을 것이다.

엘리엇은 대학을 전문 직종으로 가는 관문으로 만들었다. 이로써 대학은 이 새로운 전문직 계층의 성장과 떼려야 뗄 수 없는 관계가 됐다. 그러나 그는 한편으로는 대학이 세속적이고 실용성을 중시하는 시대에 반실용적인 기풍을 유지할 수 있게 했다. 이를 위해 엘리엇은 교양교육을 전문 및 직업 교육과 분리할 것을 주장했다. 엘리엇은 전문대학원에서는 실용성이 중요하지만 대학에서는 그렇지 않다고 생각했다. 그는 《애틀랜틱 먼슬리》에 실린 사설에서 대학생의 이상은 "배후의 다른 목적 없이 그냥 그 자체에 대한 애정을 가지고 열정적으로 공부하는 것"이라고 말했다.[27] 대학은 지식 그 자체를 위한 곳이다. 따라서 학생들이 필수 전공과목에 발목이 묶이지 않고 교과과정을 자유롭게 유랑하고 다니도록 하는 자유 선택과목이 필요하다. 이는 현재 우리가 물려받은 시스템으로, 다시 말해 자유화가 우선이고 직업화는 그다음이라는 의미다. 이 두 교육의 유형은 여전히 분리돼 있다.

　엘리엇의 개혁은 학부 교육에 대한 물음표를 남겼다. 바로 '학생들이 학습하는 것 중 무엇도 실제 생활과 관련해 그 어떤 유용함도 없다면 과연 이들이 배우고자 했던 것은 무엇일까' 하는 문제다. 기본적으로 자유 선택 시스템은 "실용성은 중요하지 않다. 결국 진정으로 배워야 할 것은 대학원에서 배우게 된다"라고 말한다. 이 시스템의 남용은 19세기 후반 고등교육계에서 많이 논의됐던 문제로 세기가 바뀐 후에는 이에 대한 반발이 일어나게 됐다.[28] 그러나 교양교육이 본질적으로 전문교육에서 분리된 것이라는 개념은 계속해서 유지됐다. 이러한 분리는 고등교육의 주요한 특징이다. 학부생들이 배우는 지식과 학교 밖 세상을 연결해줄 임무를 떠맡고자 하는 교양교육 프로그램에 대해 저항이 있다는 것은 이 같은 가정이 근본적으로 깔려 있기 때문이다. 대학은 배움을 사랑하고 순수하게 지식 그 자체를 추구하는 곳이라고 이상화하는 시스템 안에서 지극히 현실적인 목표를 염두에 두고 고안된 교과과정은 실리적, 도구적, 직업적, 현재주의적, 반지성적, 한마디로 비교양적으로 비칠 수 있다.

5

교수들은 여전히 교양인이라면 반드시 알아야 할 것이 존재한다고 생각하는 경향이 있다. 대학의 자가 면역 시스템을 건드리지 않고 이러한 임무에 부응하는 방법 가운데 하나는 교양교육을 학문 분야에 입문하기 위한 과정으로 정의 내리는 것이다. 이것이 바로 하버드 대학교 데렉 복Derek Bok이 학장으로, 헨리 로소프스키Henry Rosofsky가 학과장으로 있었던 1970년대에 교수진이 핵심 프로그램을 고안해 채택했던 내용이다. 이 핵심 프로그램에는 문학과 도덕적 추론부터 역사 연구 및 물리 과학에 이르는 열한 개 범주가 있었다. 이 강좌들은 거의 모두 공통 교과목으로 대학 편람에서 별도의 공간에 자리 잡고 있었다. 학생들은 졸업하려면 이 중에서 일곱 개의 수업을 수강해야 했다. 이는 더 이상 무엇이 학문이고 무엇이 교양교육 강좌인지 명확한 선을 긋는 시스템이 아니었다. 이 시스템에서는 한 과목의 광범위한 지식이 아니라 탐구 방법을 배우는 것이 목적이었기에 교수들은 자신의 전문 분야를 가르치면 됐다. 예컨대 '스칸디나비안 영화'처럼 강좌는 상당히 세분화되면서도 여전히 본연의 임무를 완수할 수 있게 됐다.

　미국 고등교육의 전임자 대부분이 그러했듯이 하버드 대학교의 핵심 프로그램의 목적은 학생들이 졸업 후의 삶에 준비할 수 있도록 대비시키는 것이었다. 물론 이러한 강좌는 일반적인 학과목에 관한 것이었지만, 핵심 프로그램의 목적은 학습 그 자체가 아니었다. 바로 학습 방법을 배우는 것이었다. 이 프로그램이 고안될 때, 로소프스키는 하버드 대학교 교수들이 규범 때문에 피를 흘리게 될 일은 없을 것이라고 선언했다고 전해진다. 이는 어떠한 규범도 강요하지 않겠다는 의미였다.[29] 이렇게 전통적인 학과목을 중시함으로써 1960년대의 여파로 모든 교과과정 개혁에 불길하게 드리운 정치 싸움의 위험에서 벗어날 수 있게 했다. 필수 이수 과목에 대한 생각 자체가 그 시대의 정신에 맞지 않는 것이었다. 1968년 스탠퍼드 대학교에서 학장 J. E. 월러스 스털링J. E. Wallace Sterling은 교과과정의 개정을 조사하기 위한 위원회를 지명했다. 부학장 허버트 L. 패커Herbert L. Packer를 의장으로 한 이 위원회는 "교수들은 자신들의 지적 호기심이 이끄는 대로 이를 자유롭게 추구해야 한다. 학생들 역시 동일한 조건이라면 교수들과 같은 자유를 누려야 한다"라는 결론을 내렸다. 또한 이 위원회는 "교양교육의 이상은 현대 대학의 지배적 교과과정 패턴이 그러하듯 완전히 실행될 수 없다"[30]라는 사실을 깨달았다.

　내용 중심에서 방법 중심으로 바뀐 이러한 경향은 하버드 대학교뿐만 아니라 다른 대학에서도 찾아볼 수 있다. 브라운 대학교는 1969년 선택과목으로 "특정 탐구 영역에서 특정 문제, 주제 또는 이슈를 이해하기 위해 필요한 방법, 개념 및 가치 체계를 배우는 데 중점을 둔" '사상의 형식Modes of Thought' 이라는 강좌를 도입했다. 또한 1974년, 미시간 대학교는 교양교육 프로그램의 일부로 분석적, 실증적, 도덕적, 심미적인 '지식에 대한 접근 방법Approaches to Knowledge' 이라는 교과과정을 제공했다.31 1976년 미국 인문대학liberal arts college의 약 7퍼센트가 핵심 교양 프로그램을 개설하고 있었다. 이는 학생들이 같은 강좌를 수강하거나 동일한 책을 읽는 프로그램으로 정의할 수 있다. 거의 90퍼센트에 달하는 인문대학들은 배분 시스템을 시행하고 있었으며 그중 일부 학교에서 배분 수강은 단지 권고 사항일 뿐이었다.32 이때는 규범주의에 호의적인 풍조가 아니었기 때문이다.

그러나 지난 10년 동안 다시 필수 이수제 및 교양교육 개념이 원상 복귀됐다. 2004년 하버드 대학교에서 핵심 프로그램에 대한 재논의가 이루어졌고, 교수 위원회는 배분 이수제로 되돌아갈 것을 추천했지만 교수진은 이 제안을 거부했다. 학생들이 반드시 알아야 할 지식이 무엇인지 자명하다고 생각하는 사람은 아무도 없었지만, 대부분의 교수는 그것이 무엇이든 대학이 이를 제공할 의무가 있다고 생각했다. 교양교육에 대한 논의가 난관에 봉착하게 된 것은 전문가들이 비전문가들을 교육하면서 생기는 문제뿐만이 아니라 자유교육을 실생활에 유용한 지식으로 재구성하는 문제 때문에 발생했다.

6

엘리엇이 인문과학 교육을 전문대학원에서 분리한 것이 악마의 거래였을까? 인문과학 전문 직종 사이에 벽에 세워지면서 대학은

'직업적인'이라는 용어에 민감하게 반응하게 됐다. 이 단어는 교양 교과과정 수립을 비판하는 사람들이 '현재주의자'와 '도구주의자'라는 용어와 함께 많이 사용하는 말이다. 그러나 직업 교육 중시에 대한 이러한 항의는 약간의 자기기만을 담고 있다. 인문과학 교육은 어떤 한 직업에 유용할 뿐 아니라 그 직업을 위해 계획적으로 설계됐기 때문이다. 그것은 바로 교수라는 직업이다. 학부 전공자들은 본질적으로 한 분야의 대학원 과정을 준비하려는 것이고, 대학원 과정은 전문적인 직업으로 이어진다. 인문과학 전공은 최고 점수를 받는 학생이 대학원에 진학하고 스스로 교수가 될 가장 큰 가능성을 보여주는 방식으로 구성돼 있다. 그렇다 보니 어떠한 교육 프로그램이든지 이를 도구주의적이라고 비난하는 것이 다소 이상해 보인다. 사실 지식은 도구적인 것이다. 우리는 지식을 통해 세상과 다른 관계를 맺는다. 그러나 현재주의에 대한 비난은 조금 더 설득력이 있는 듯하다. 이는 역사적으로 가장 야심 찬 교양교육 프로그램이 도입돼온 현재 상황에 대한 반응에 따른 것이었다. 이것이 바로 대학이 끊임없이 자신들이 하는 일을 재정립할 필요성을 느끼게 하는 현재 상황에서 벌어지고 있는 것이다. 대학은 이런 질문을 던진다. "우리는 학생들에게 그들이 대면할 세계에 맞설 수 있도록 준비시키고 있는가?" 만약 교수들이 생각하기에 학생들이 자신의 전공 분야에서 훈련받으며 4년이라는 시간의 대부분을 쏟아붓고 있는 교과과정에서 이를 준비시켜주지 않고 있다면, 그 대안은 바로 교양교육이다.

오늘날 인문과학 교육은 엘리엇 시대에 겪었던 것과 같은 위험에 직면해 있다. 바로 인문과학 교육이 이를 대체하려는 다른 과목들의 확산과 매력에 밀려나리라는 문제다. 많은 자료가 이러한 불안감을 뒷받침하고 있다. 미국의 약 2,500개의 4년제 대학교 대부분이 인문과학 분야에서 전체의 반에도 미치지 못하는 학위를 수여한다. 심지어 일류 연구 대학에서조차 인문과학 분야에서 수여되는 학사 학위는 반밖에 되지 않는다.[33] 실상 미국에서 가장 큰 학부 전공은 아직 경영학이다. 전체 학사 학위자의 22퍼센트가 경영학 분야에서 학위를 받는다. 10퍼센트는 교육학에서, 7퍼센트는 의료 전문 분야에서 학위를 받는다. 하지만 이들 모두 인문과학 분야가 아니다. 모든 외국어와 문학 분야를 합한 것보다 거의 열두 배나 많은 학사 학위가 매년 사회복지 분야에서 수여되는 것이 현실이다. 영문학을 전공하는 대학 졸업자들은 4퍼센트에 그친다. 역사를 전공하는 이들은 2퍼센트에 불과하다.[34] 사실 인문 교양학부에서 매년 수여되는 학위의 비율은 등록률과 국가 경제의 급속한 성장에 힘입어 1955년에서 1970년에 급증했던 것을 제외하고는 100년 동안 계속 감소해왔다.[35] 이례적인 15년을 제외하고 전체 비율로 봤을 때, 미국의 고등교육이 성장하면 할수록 인문과학 분야는 더욱 위축됐다.

그렇다 보니 인문과학 교육자들은 자신들의 학문을 외부 세계와 차단해 무슨 일이 있어도 계속 대학을 분리해두기를 바란다. 그러나 이러한 순수함에 대한 집착이 다소 병적으로 보일 수도 있다. 인문과학이란 무엇인가? 인문과학 분야는 정치, 경제 또는 실용적인 이익과 무관하게 사심 없는 마음으로 지식을 추구하는 분야일 뿐이다. 사심 없다는 것은 교수가 어떤 견해든 평등하게 받아들일 수 있다는 뜻은 아니다. 교수는 자신들의 연구 주제에 대한 견해, 즉 반대되거나 대안으로 제시되는 견해를 배제할 수 있는 자신만의 견해가 있기 때문이다. 그러므로 사심이 없다는 것은 단지 교수가 자신이 어떠한 견해를 가지고 있는지 상관없이 정직에 대한 요구 조건을 제외한 그 무엇에도 구속받지 않고, 또는 최대한 구속받지 않고 자신만의 결론에 도달했다는 뜻이다.

대부분의 인문과학 분야는 이미 연관돼 있는 일부 실용적 기술을 지향하는 쪽으로 방향을 바꿈으로써 비교양 분야가 될 수 있다. 영문학과는 작품 프로그램 또는 출판 프로그램이 될 수 있으며, 순수 수학은 응용 수학이나 공학 프로그램이 될 수 있다. 정치 과학과 사회 이론은 법과 정치 행정 과목으로 바뀔 수 있다. 그러나 더 중요한 것은 반대로 어떠한 실용적 분야도 단지 그것을 이론적 또는 역사적으로 가르치기만 하면 교양 분야가 될 수 있다는 사실이다. 물론 많은 경제학과가 여러 학생의 요구가 있음에도 회계학 강좌를 개설하지 않는다. 회계학은 인문학에 속하지 않는다고 생각하기 때문이다. 그럴 수도 있다. 하지만 항상 기억해야 할 불멸의 격언이 있다. "쓰레기는 쓰레기다. 그러나 쓰레기의 **역사**는 학문이다." 회계학은 일종의 장사다. 그러나 회계학의 **역사**는 사심 없는 탐구 주제, 다시 말해 인문과학 분야에 속한다. 또한 회계학의 역사를 아는 회계사들은 더 훌륭한 회계사가 될 수 있고, 이러한 지식은 시장에서 그 진가를 발휘할 것이다. 마찬가지로 문학 전공자들이 시를 쓰면서 시에 대해 더욱 잘 알게 되듯이 법의 철학적 측면을 배우는 것은 법률가들에게 유용한 지식이 될 것이다.

이는 교양교육이 창출할 수 있는 잠재적 부가가치에 대한 실마리를 제공한다. 교양교육이 전파하는 역사적, 이론적 지식은 현재 제도가 가지고 있는 우연성을 폭로하는 지식이다. 그 지식은 현재의 가정에 묻힌 원형을 밝히고, 학생들에게 배후 세력을 드러낸다. 살짝 고정관념에서 벗어나보는 것이다. 또한 이 지식은 학생들이 혼자 힘으로 사고하도록 격려한다. 인문과학 교육자들은 이를 알고 있지만 때때로 잘못된 추측을 한다. 예컨대 배후 인물을 보여주면 그 놀라운 광경이 파괴될 것이라고 생각한다. 그러나 단지 현재 시스템의 우연성과 구성성constructedness을 드러낸다고 해서 그 놀라운 광경이 끝나지는 않는다. 학생들이 자신의 힘으로 생각하도록 교육하는 목적은 공허할 따름인 자기만족을 위한 것이 아니기 때문이다. 학생들이 대학을 떠나서 공동 이익을 위해 좀 더 진보된 기여를 할 수 있게 만드는 것이 진정한 목표인 것이다.

사람들은 흔히 어떠한 학문 분야든 배움을 통해 학생들은 자신의 전반적인 지적 능력을 잘 발달시키고 대학을 졸업한 이후 삶에서 마주치는 문제들에 대한 적응력을 키울 수 있다고 주장한다. 그러나 학문 세계에서의 문제가 비학문 세계에서 접할 수 있는 문제와 항상 비슷하지는 않다. 비학문 세계에서 생기는 문제를 해결할 때, 오히려 학교가 보통 의도적으로 외면했던 마찰을 고려해야 되는 경우도 있다. 또한 대학 졸업생 중 상당수가 학문 분야가 아닌 다른 영역에서 직업 생활을 하고자 한다. 학문 분야의 최첨단인 하버드 대학교에서 훈련을 받는 학생들조차 졸업생 중 10퍼센트 이하의 학생만이 박사 학위를 받고 싶어 한다. 그리고 50퍼센트 이상이 법학, 의학, 경영학 분야와 관련된 직업을 갖기 원한다. 그렇다면 대학은 학생들에게 현실과 관련된 어떠한 지식과 기술을 제공하는가? 이것이 바로 교양교육이 대답해야 할 문제다.

엘리엇이 수립하는 데 일조했던 시스템에서 전문 교육은 전문대학원에서 독점한다. 오직 법률가들만이 미래의 법률가들에게 법을 가르칠 수 있다. 대부분의 인문과학 대학에서, 학생들은 이따금 개설되는 법의 역사 강좌를 제외하고는 법에 관한 강좌를 들을 수 없다. 또 인문과학대학의 많은 학생이 경영이나 심지어 경제학 수업을 수강하지 않는다. 보통 특별한 교육과정을 밟고 있지 않는 한 건축학 또한 교육이나 공학 수업을 듣는 학생은 드물다. 하물며 전문가가 되고자 하는 학생이 아니고서야 건강이나 기술을 다루는 과목을 듣는 학생은 거의 없다. 하지만 이것들은 모두 살면서 반드시 다루게 될 지식이다. 그러므로 이러한 지식을 배우는 것은 정치 과정에 효과적으로 참여할 수 있는 능력을 갖기 위해서 중요하다. 그러나 대학 졸업생들이 보통 이러한 분야에 대해 고등학교만 나온 사람들보다 더 깊은 이해력이 있는 것은 아니다. 진보주의와 전문성을 단절해야 한다는 교육적 사명감은 실용적인 것은 곧 진실의 적이라는 미신에 근거한다. 사심 없다는 것은 실용적 야심과 완벽하게 일치하며 실용적 야심은 사심 없다는 것과 완전히 일치한다. 그리고 이 점은 다른 누구보다 대학교수가 반드시 이해하고 있어야 한다.

우리시대의이슈 | 인문학 서바이벌

Chapter 2 | 인문학 혁명
The Humanities Revolution

1

약 20년 전, 인문학은 당위성의 문제를 겪었다.[1] 즉 사회학적 관점에서 인문학은 교육기관으로서 존재의 적합성에 대한 위기를 맞았다. 대중은 문학과 예술사 같은 분야에서 학습과 교육이 정상 궤도를 벗어나고 있다고 생각하기 시작했다. 하지만 학문 활동에 대한 이론적 근거를 제시하는 것은 인문학자들이 해왔던 것으로 여기에 문제가 있지는 않았다.[2] 문제는 인문주의자조차 자신들이 제시한 이론적 근거가 대중과 대학 행정가, 심지어 다른 학문 분야의 동료들 같은 외부인을 완전히 설득할 만큼 설득력 있지 않다고 느꼈다는 데 있었다. 물론 이러한 어려움은 어느 정도 있을 수 있다. 하지만 실제로 지식 분야가 자신의 존재를 정당화하도록 요구받는 일은 흔치 않다. 예를 들어 아무도 "물리학 교사가 말하는 것의 10분의 1도 이해하지 못했어. 도대체 왜 물리학과에 이 돈을 써야 해?"라고 말하지 않는다. 접근하기 어려운 물리학 특성이 물리학과가 존재해야 하는 이유가 되기 때문이다. 물리학을 가르치고 연구하려는 특별한 훈련이 필요하므로 물리학이 필요한 것이다. 그렇기에 대부분의 비물리학자들이 물리학을 배울 필요가 있다. 사람들은 무지에서 비롯되었든 아니든 물리학에 대한 투자는 많은 수익을 남길 수 있다고 생각한다. 그러나 1980년대에 접어들면서 인문학에서 어떠한 투자 수익을 남길 수 있을지 의문을 갖기 시작했다.

이러한 회의론은 인문학 교수들을 방어적으로 만든 동시에 그들에게서 상당한 자기반성을 이끌어냈다. 자기반성은 대개 긍정적이지만 자칫 강박적으로 변하기도 한다. 예를 들어 인문주의자들이 "인문학에 무슨 일이 생겼나?"[3] "인문학은 붕괴했는가?"[4]와 같은 문제에 집착했던 것은 다소 강박적 행동이었다고 볼 수 있다. 이전보다 인문학 분야를 전공하는 학생은 줄어들었지만 문학, 예술, 음악 및 철학 강좌를 수강하는 대학원생은 계속 유지됐다. 직업 시장은 불확실했지만 그래도 사람들은 계속 이러한 분야의 박사 과정에 지원했으며 상당한 학위가 지속적으로 수여됐다. 이렇듯 인문학 분야가 구조조정 기간을 거칠 수는 있어도 사라질 가능성은 없어 보인다.

인문학의 가치를 묻는 말에 인문학자들은 다소 편중된 반응을 보인다. 문학적 용어로 이들의 반응은 객관적 상관물이 결여돼 있다.[5] 정신과 용어로는 신경증적이다. 우려되는 점은 대중에게 존재 이유를 정당화하는 문제 이면에 또 다른 문제가 있다는 것이다. 바로 인문학 교수들 사이에서 인문학 연구의 패러다임에 대해 제대로 합의를 이끌어낼 수 없어 보인다는 문제다. 이는 인문학자들이 서로 반목하고 있다는 뜻이 아니다. 오히려 인문학 분야에 여러 패러다임이 경쟁하고 있다는 뜻이며, 이는 학문이 살아 있다는 증거다. 다만 우려스러운 점은 이러한 논쟁이 없던 때조차 인문학자의 역할을 정의 내리는 데 명확하게 의견을 일치하지 못했다는 점이다. 무엇이 이러한 문제를 초래할까? 이러한 역할 정의가 과연 필요할까? 패러다임의 부재가 위기처럼 보이게 되기까지 인문학은 어떤 역사를 겪었을까?

2

제2차 세계대전 이후 미국 고등교육의 역사는 두 기간으로 나뉜다. 첫 번째 기간은 1945에서 1975년에 걸친 확장의 시기다. 이 시기의 고등교육 시스템의 구성은 거의 변함없었지만, 어떤 면에서 볼 때 더 획일화됐다. 그러나 미국 교육에 관한 문헌에 '황금기'로 알려져 있는 시기인 만큼 고등교육 시스템 규모는 급격하게 커졌다. 두 번째 시기는 1975년에서 현재에 이르는 시기로 특별한 이름이 붙여지지는 않았다. 다만 첫 번째 시기처럼 극적 변화가 있었는데, 확장이 아닌 다양화를 경험했다. 1975년 이래로 고등교육 시스템은 더 적당한 속도로 크기가 커졌지만 배우는 대상, 가르치는 존재, 가르치는 대상을 포함하는 시스템의 구성에는 변화가 있었다. 인문학의 가치에 대한 질문이 제기되기 시작한 것은 두 번째 시기다. 다양성의 시기에 접어든 지 10년 정도 지났을 때였다. 그러나 두 번째 시기를 이해하기 위해서는 반드시 첫 번째 시기를 이해해야만 한다.

1945년과 1975년 사이의 황금기에 미국 대학원생의 수는 거의 500퍼센트 증가했고, 학부생 수는 거의 900퍼센트 증가했다.[6] 이는 전례가 없던 일로 거의 다시 접하기도 어려운 수치다. 그만큼 엄청난 성장률이었다. 1960년대만 보더라도 학부 등록률은 350만 명에서 약 800만 명으로 두 배 이상 증가했다. 박사 학위를 받은 사람의 수는 매년 세 배씩 증가했다. 그리고 1960년 이전의 325년 동안 고등교육에서 고용됐던 숫자보다 더 많은 교수가 고용됐다.7 이러한 확장이 절정에 이른 1965년에서 1972년 사이, 미국에서는 새로운 커뮤니티 칼리지가 일주일에 한 개꼴로 생겨났다.8

이렇게 고등교육이 급격히 확장한 이유는 세 가지로 생각할 수 있다. 첫 번째는 베이비 붐이고, 두 번째는 1948년 이후 상대적으로 높았던 국내 경제 성장률이며, 세 번째는 냉전이다. 우리가 베이비 붐 시대에 대해 가끔 잊는 것은 바로 그때가 경제공황과 제2차 세계대전 중의 기록적 저출산 시대의 뒤를 이은 기록적 고출산율의 시대라는 점이다.9 1945년 이후 미국인은 1년에 400만 명을 초과하는 출산율을 기록했다. 이것은 매우 급격한 증가였다. 그동안의 고등교육 시스템은 비정상적으로 적은 인구에 적응해왔기 때문에 이를 수용할 많은 자리를 매우 급작스럽게 만들어야 했다.

고등교육의 확장에서 냉전 시대가 어떠한 역할을 했는지는 잘 알려져 있다. 하버드 대학교 학장인 제임스 코넌트와 버니바 부시 Vannevar Bush와 같은 인물의 주도로 제2차 세계대전 동안 미국 대학은 정부 관련 과학 연구 사업에 끌려들어 갔다. 매사추세츠 공과대학에서 부학장 및 기계공학과 학과장을 지냈던 부시는 전쟁 시 미국 과학연구개발국의 책임자였다. 사실 제1차 세계대전 때에는 소위 군사 과학자라 불리는 장병들이 군사 목적의 과학 연구를 수행했다. 이러한 연구를 연구 대학, 과학 기관 및 독립 민간 연구소에 하청을 주도록 한 것은 부시의 생각이었다. 1945년, 부시는 〈과학 – 끝없는 개척자Science-The Endless Frontier〉라는 보고서의 발행을 준비했다. 이는 평화 시 기초 과학 분야에 대한 정부 보조금의 기본 논거가 됐고 미국 대학과 국가 정부가 협력하기 시작한 계기가 됐다. 또한 부시는 계약 간접비contract overhead라고 알려진 시스템의 대부라 할 수 있다. 이 시스템은 간접 비용 결제를 승인하는 기관을 운영하는 것으로 대학이 모든 활동 분야에 걸쳐 부를 분배하기 위한 것이었다. 이는 황금기를 만들어낸 노다지판이 시작됐다는 뜻이었다.[10]

그리고 1957년 스푸트니크호가 나타났다. 비치볼만 한 크기와 딱 그만큼의 치명성을 가진 스푸트니크호였지만 미국을 공황 상태에 빠뜨리기에는 충분했다. 공황 상태를 만든 것은 위성이 아니라 이를 발사하는 데 사용된 미사일이었다. 1958년 국가방위교육법이 통과된 것은 이에 대한 반응에 따른 것이었다. 이 법이 통과됨에 따라 처음으로 연방 정부가 특정 연구를 계약이 아닌 고등교육에 직접 보조금을 주는 방식의 사업을 시작했다. 사실 1958년 이전 고등교육에 대한 공적 지원은 주 정부 차원에서 이뤄져왔다. 이는 미국에 주립대학은 있지만 국립대학은 없는 이유이기도 하다. 그러나 국가방위교육법이 통과된 뒤, 정보 기부금이 흘러나오는 큰 물줄기는 국방부에서 미국항공우주국, 미국국립과학재단과 미국국립보건원과 같은 민간 기관으로 이동했다. 국방부는 계속해서 재정 지원의 큰손으로 남아 있기는 했다. 이 법안은 공적 투자 대상으로 과학과 외국어 분야를 선별했고 서로 다른 두 학문 분야를 육성했다.

또한 이 당시는 스푸트니크호 이후에 게리 베커Gary Becker, 시어도어 슐츠Theodore Schultz와 같은 경제학자들이 인적 자본11이라는 개념을 도입하기 시작한 때다. 교육받은 시민을 전략적 자원으로 간주함으로써 고등교육 분야의 정부 투자에 대한 국가 안보상의 근거를 제공했다. 국가방위교육법 활성화 법안에 따르면 "국가의 안보를 위해서는 젊은이들의 정신적 자원과 기술력을 최대한 개발하도록 애써야 한다. (…) 우리는 더 많은 국가 자원을 발굴해 교육하기 위한 노력을 증대해야 한다. 이는 능력은 있지만 금전적 이유로 학생들이 고등교육을 받을 기회를 거절당하지 않도록 하는 프로그램이 필요하다는 뜻이다."12 이는 1960년대 고등교육이 확장되도록 촉진한 요인 가운데 하나였다.

또 다른 원인은 베이비 붐이었다. 국가방위교육법은 높은 출생률이 사회에 영향력을 행사하기 직전에 통과됐다. 그리고 베이비 붐으로 1955년에서 1970년 사이에 18세에서 24세의 연령에 해당하는 사람은 1,500만 명에서 2,500만 명으로 늘었다.13 대학 인구는 징병제 덕분에 뜻밖으로 뒤늦게 증가하는 효과를 얻었다. 1970년까지 대학생은 징병을 연기할 수 있었던 것이다. 그 결과 1968년까지 고등학교를 졸업한 남성의 63퍼센트 이상이 대학에 진학했다. 이는 오늘날보다 더 높은 비율이다.14 이때는 커뮤니티 칼리지가 속속 생겨나는 시기로 대학은 정부 보조를 받는 징병 피난처 역할을 했다.

그 후, 1975년 황금기가 끝났다. 학생들의 징병 유예도 폐지됐고 베트남 전쟁도 끝났다. 대학 진학 인구에도 변화가 생겼다. 미국은 침체기에 들었고 대학 졸업장의 경제적 가치는 떨어지기 시작했다.

1970년대에 들어서면서 대학과 고등학교 졸업생 간의 임금 격차는 61퍼센트에서 48퍼센트로 감소했다.[15] 따라서 대학에 가는 사람들의 비율은 매우 줄어들어 30여 년 동안 학생 수가 무려 네 배 이상 증가할 정도로 호황을 누리던 이 시스템에는 갑자기 텅 빈 기숙사와 엄청난 수의 종신 교수진만 남겨졌다. 이는 미국 박사 학위자들에게 닥친 장기적 일자리 위기의 시작이었고, 인문대학에 심각한 경제적 부담이 되기 시작했다.

인문대학에 대한 압력은 인문학에 대한 압력으로 해석할 수 있다. 인문학 연구는 대학 강사들의 생산 활동에서 나온 결과물이기 때문이다. 시스템은 교수를 생산하고, 교수는 연구를 생산한다. 대학 강사의 수요가 감소하면 자연히 연구에 이용할 수 있는 자원도 줄어든다. 결과적으로 1900년 이후 처음으로 1955년부터 1970년까지 학사 학위를 받은 모든 사람 중에 인문학 전공자 비율이 증가했지만, 1970년 이후 다시 감소하기 시작했다.[16] 오늘날 미국에서 수여되는 모든 학사 학위 가운데 3분의 1이 인문과학에서 수여되고 그중 10퍼센트 이하가 인문학 분야에서 나온다.[17]

미국 고등교육은 1975년 이후 성장했으나, 그 성장 속도는 1년에 평균 1퍼센트 정도로 훨씬 느려졌다. 그리고 고등교육은 변화를 겪었다. 다만 다양화라는 다른 방식의 변화였다. 1947년에는 대학생의 71퍼센트가 남성으로 오늘날 대학 인구 중 남성이 42퍼센트에 불과하다는 사실과 대조적이다.[18] 1965년에는 백인이 대학생의 94퍼센트를 차지했지만, 오늘날에는 히스패닉이 아닌 백인 수는 66퍼센트에 그친다.[19] 이러한 다양화는 대부분 황금기 이후에 일어났으며, 통계만 봐도 이를 알 수 있다. 1984년에서 1994년에 이르는 10년간 미국 대학에 등록한 총 등록 인원은 200만 명 증가했지만, 증가된 숫자 중 미국 출신 백인 남성은 한 명도 없었다. 이들은 모두 비백인, 여성, 외국인 학생이었다. 결국 미국 고등교육에서 백인 미국 남성 수는 1984년에서 1994년에 이르는 기간 동안 실질적으로 감소했다.[20]

교수들의 인구분포도 역시 같은 변화를 겪었다. 1975년 이후 대학원에 다닌 집단의 인구통계학적 변화보다 크지는 않지만 고용 관행상의 변화를 통해 나타난 현상이다. 1998년에는 1985년 이전부터 고용됐던 미국 교수들 전체의 28퍼센트를 여성이 차지했고, 11퍼센트는 비백인이나 히스패닉이 차지했다. 1985년 이후에 고용된 전임 교수, 즉 황금기 이후에 대학원에 들어간 교수 중 여성이 40퍼센트, 비백인이 18퍼센트를 차지했다.[21] 이러한 수치는 전임 교수에게만 적용되는 것으로 1998년까지 미국 고등교육 교사 인력의 49퍼센트를 구성했으며, 전임 교수의 경우보다 여성 비율이 더 높았던 비전임 교수는 포함되지 않은 것이다.[22] 1997년, 4만 5,394개의 박사 학위가 미국에서 수여됐다. 학위 수여자 중 40퍼센트가 여성이었다. 예술과 인문학에서 여성은 50퍼센트에 약간 못 미쳤다. 하지만 성별과 상관없이 전체 63퍼센트만이 백인 미국 시민이었다. 나머지 37퍼센트는 비백인 미국인 혹은 외국인 학생이었다.[23] 고등교육에서 교수와 학생을 포괄한 인구통계학적 혼합비는 20년이라는 기간 동안 극적 변화를 겪었다. 그리고 이러한 변화는 1987년경 시작된 고등교육이 급진주의와 엘리트주의 때문에 대중의 집중적 비난을 받던 '문화 전쟁'[24] 시기와 맞물렸다.

1970년 이후 비미국인은 물론 여성과 비백인 미국인이 고등교육을 받는 비율이 증가한 데는 여러 가지 이유가 있다. 그중 하나는 단순히 구조적 문제였다. 1970년 이후, 대학의 선택을 받은 백인 남성 수는 줄었다. 대학이 등록률과 선택권을 유지하기 위해 새롭게 받아들일 학생들의 선택 범위를 확대할 필요가 있었기 때문이다. 고등교육 시스템은 황금기에 지나치게 확장했다. 1950년에는 대학생이 260만 명이었지만 1970년에는 800만 명에 달했다. 주 정부의 보조금을 받을 수 있는 기회도 지나치게 많이 생겨나 1950년 공립학교에 진학한 대학생은 50퍼센트를 차지했고, 1970년에는 73퍼센트로 증가했다. 그 결과 새로운 학생들을 유치하기 위한 더 높은 수준의 경쟁이 일어났다.[25] 1975년 전에는 남녀나 여러 인종으로 구성하는 것이 교육적으로 바람직한지 논의되기도 했다. 하지만 실제로 많은 학교에서 이러한 성별이나 인종적 혼합은 경제적 필요에 따른 결과였다. 그리고 1970년 이후 사실상 미국의 모든 비군사 목적의 남성 대학은 남녀 공학으로 전환됐다. 그러나 이는 여성 운동으로 성취된 것이 아니었다. 좀 더 정확히 말하면 평등을 위한 여권 신장 운동이 마침내 소정의 성과를 이룰 수 있었던 것은 강력한 노동력 덕분이었는데, 고등교육에서도 이러한 노동력을 제공할 다양한 사람이 필요했기 때문이다.[26]

많은 학문 분야, 특히 인문학에서의 지적 변화는 같은 인과 관계에 있다. 이는 인문학에서의 변화가 인구통계학상 변화 때문에 일어났다는 뜻이 아니다. 고등교육을 인구통계학적으로 새롭게 구성하는 데 기여했던 요인들이 인문학의 현 상태에 기여한 요인들과 같다는 뜻이다. 이 두 현상은 모두 황금기의 부산물이기 때문이다.

3

제2차 세계대전 이후 미국 고등교육의 발전은 기술 및 지정학적 전략에 따른 것이었다. 공산주의자보다 더 나은 하드웨어가 필요했기 때문이다. 그러나 사회 정책적으로는 실력을 중시하는 당시 풍토에 따른 것이었다. 제임스 코넌트와 조지 주크를 포함한 전후 교육적 지도자들은 모든 미국인이 교육적 기회의 범위를 넓히는 것에 관심이 있었다.27 우리가 보아왔듯이 국가방위교육법은 이러한 점에서 상당히 노골적이었다. 만약 이 나라가 더 높은 수준의 국가 보안이나 경제적 생산성 또는 둘 다를 위한다는 명목으로 이용할 수 있는 인재를 최대화하고자 한다면 성별, 가족 수입, 피부색과 같은 자질과는 무관한 요인을 기반으로 지원자들을 제한해서는 안 될 것이다. 그뿐 아니라 코넌트와 같은 전후 진보주의자들은 유전된 특권이 계급적 반감을 초래하고, 이러한 계급적 반감은 반자유적인 정치 운동이 자생하는 환경을 낳는다고 믿었다.

능력 위주의 철학은 전후 두 가지 진전을 이끌었다. 하나는 대학원 교육에서 교양교육이 중요하다는 신념을 갖게 된 것이고, 다른 하나는 학문 연구에서 과학적 모델이 지배적 역할을 하게 된 것이다. 실제로 대부분의 대학은 전후 미국 대학에서 교양교육에 대해 말로는 동의했지만, 별도로 교양 교과과정이 신설된 경우는 거의 없었다.28 그러나 비록 행동으로 이어지지는 못했어도 교양 교과과정에 대한 개념은 실제로 상당한 지지를 받았으므로, 실제로 개설된 교양 프로그램이 전무하다는 사실이 이러한 개념이 아무 영향력도 없었다는 뜻은 아니다. 대부분의 교육가는 모든 학생이 서양 전통에 대한 주요 작품을 거의 같은 방식으로 이해할 수 있어야 한다고 믿었다. 또한 이러한 작품들이 정도의 차이는 있어도 거의 일관된 사상이나 적어도 일관된 논의를 구성하며 이데올로기적 모든 것을 경계하는 다원주의 사회에서 건전한 문화적 이데올로기로 작용할 수 있다는 신념에 동의했다.

황금기에 이루어진 또 다른 중요한 진전이랄 수 있는 의식적인 과학적 연구 모델의 채택도 전후 미국 사상의 반이데올로기적 기질을 반영한다. 이는 '문화적 자유를 위한 반공산주의 의회' 학회에서 처음 사용됐으며 이후 사회학자인 대니얼 벨Daniel Bell이 널리 유포한 "이데올로기의 종언the end of ideology"[29]이라는 말에 잘 요약돼 있다. 이데올로기에 대한 반감은 어느 정도 1914년에서 1945년 사이에의 세계적인 정치적 역사에 대한 반동에서 나왔다고 할 수 있다. 그러나 역사학자 토머스 벤더Thomas Bender가 주장하듯 어느 정도는 전후에 대학에 쏟아부었던 연방 정부의 돈의 영향력이기도 했다. 학자들은 자신들에게 연구 자금을 대는 기관의 마음을 상하게 하고 싶지 않았기 때문에 자신들의 연구에서 정치적 암시를 피했다.[30] 특히 1950년대 대학은 사회과학 같은 학문 분야의 교수들이 실용적 공공 정책을 만드는 데 기반이 될 중립적 연구 결과를 나라에 제공할 수 있다는 생각에 고무됐다. 이러한 생각은 과학 분야에서 하버드 대학교 사회학자 탤컷 파슨스Talcott Parsons가 '인지적 합리성cognitive rationality'이라 부른 기풍을 수립하는 데 도움을 주었다.[31] 이는 정치사 연구에서 '합의적 접근consensus approach'을 이끌어냈다. 이것은 교수들이 역사를 저술하거나 가르칠 때 주의를 흐릴 수 있는 이데올로기적 논의를 피하려고 노력했다는 뜻이다. 또한 사회학에서는 컬럼비아 대학교의 사회학자인 로버트 머튼Robert Merton이 말한 '중간 범위의 이론들'을 제창했는데, 이는 가정을 세울 때 반드시 실제 검증을 받은 것을 조건으로 하는 것이었다.32 행동주의 및 합리적 선택 이론은 사회학과 정치과학에서 지배적 패러다임이 됐다. 문학에서 뉴욕 비평주의와 구조주의가 그러했듯 심지어 반실증주의적 경향이 있을 때에도 이러한 방법은 과학적이었다.33

학문 분야 사이의 경계선이 중시됐고 체계적 방법론이 자리 잡았다. 규율이 학문 분야를 지배하게 됐다. 전쟁 전 교육 방식을 돌아본 1950년대의 학자들은 과거 자신들의 교육 방식에 얼마나 분석적 엄격함과 초점이 결여돼 있었는지 깨닫고 충격을 받았다.34

공공 자금은 대형 연구 대학으로 쏟아져 들어왔다. 그리고 황금기의 영향으로 연구 교수가 일반적 교수 모델이 됐다. 이는 사회학자 크리스토퍼 젠크스Christopher Jencks와 데이비드 리스먼David Riseman이 '학술 혁명'에 관한 연구에서 확인했던 현상이었다. 사회적 권위의 중심 원천으로서 고등교육이 등장하게 된 것이다.35 박사 기관뿐 아니라 하위 교육기관을 통틀어서 미국 고등교육 역사상 처음으로 가르침이나 서비스가 아닌 연구 활동이 교수를 위한 모델이 됐다. 이 때문에 학문과 교육적 관행에서 학과목의 입지가 더 강화됐다. 교수들은 자신 과목과 학과를 대표하는 전국적인 '공동체'에 우선적으로 동질감을 느꼈으며 자신이 몸담고 있는 교육기관은 2순위였다. 1960년에서 1990년 사이에 연방 연구비는 네 배 증가했지만 교수들이 가르치는 시간은 일주일에 아홉 시간에서 네 시간 반으로 줄어들었다.³⁶ 그러나 강의 시간이 줄어들어서 업무가 더 수월해졌다고 말하는 교수는 거의 없었을 것이다. 연구에 대한 요구가 훨씬 더 증가했기 때문이다. 이 때문에 고등교육 시스템은 1946년에서 1975년 동안 확장하고 있을 때 더욱 획일화됐다. 냉전이 교직을 동질화한 것이다.

이제 와서 보면 냉전의 첫 20년 동안 자리 잡은 이 제도는 미약한 불꽃이 완전히 공중 분해되기를 기다렸던 듯하다. 실제로 그 불꽃은 그렇게 미약하지 않았다. 베트남 전쟁은 코넌트와 그 시대의 교육 지도자들이 구성했던 교육 시스템의 거의 모든 약점을 드러나게 했다. 이는 대학이 주 정부에 금전적으로 의존하면서 내재될 수밖에 없는 위험에서부터 자연과학 외의 분야에서 허울뿐인 가치 중립적 연구 기준을 세울 정도로, 국가 안보 정책에서 교육기관의 사회적 역할을 판단하는 방식을 포함한다. 베트남 전쟁은 또한 학문 과학의 중립성에 대한 회의론을 초래했다. 그러나 이러한 비판은 철학적일 뿐 아니라 정치적이기도 했다.

그 뒤 1970년 이후 미국 대학에 새로운 사람들이 많이 들어오면서 성적 위주의 원리도 깨졌다. 문화적 차이를 무시하는 것은 코넌트 같은 사람들의 상상처럼 쉽지만은 않다는 사실이 증명됐을 뿐 아니라 갑자기 이러한 문화적 차이가 동질성보다 더 매력적으로 보이기 시작했다. 이러한 경향은 1978년 '캘리포니아 주립대학교 이사회 대 배키' 사건에서 판사 루이스 파월Lewis Powell이 내린 판결로 걷잡을 수 없이 흘러갔다.³⁷ 이 사건은 앨런 배키Allan Bakke라는 백인이 제기한 것으로, 그는 입학 허가를 받은 다른 비백인 지원자들보다 성적이 더 높았는데도 캘리포니아 대학교 데이비스 캠퍼스의 의학전문대학원에서 두 번이나 입학을 거절당했다. 미국 연방대법원은 캘리포니아 주립대법원의 판결을 인정하며 5 대 4의 표 차이로 배키가 평등 보호 조항에 따른 권리를 보장받지 못했다고 판결했다. 그러나 다른 한편으로 은밀하게 대학이 입학 시 인종을 고려하는 관행을 헌법적으로 인가했다.

파월 판사는 판결에서 컬럼비아, 하버드, 스탠퍼드, 펜실베이니아 대학교를 위해 공동으로 제출된 법정 조언자 amici curiae 의견서를 인용하며 모든 대학의 입학 관행에는 성적과 시험 점수가 기준보다 낮은 다양한 유형의 학생에게 특혜를 주는 관행이 존재해왔다고 지적했다. 이는 모범생들로 교실을 채워 넣는 것 말고 다른 것도 필요했기 때문이다. 대학에는 내보내야 할 풋볼 팀과 채워 넣어야 할 오케스트라와 마칭 밴드가 있으며, 이끌어야 할 학생 단체와 베풀고자 하는 상태를 유지해야 할 동문회, 계속 공급자 역할을 해야 할 학교가 있다. 또한 일정한 성별 간 균형을 유지할 필요도 있었다. 다시 말해 물리학자보다 열 배나 많은 시인이 있거나 뉴햄프셔 주 엑서터 출신의 학생 30명을 받아들이고 지역 고등학교 출신을 한 명도 받아들이지 않는 것은 용납할 수 없는 일이다. 파월의 말에 따르면 인종적 다양성은 교육기관으로서 대학의 또 다른 필요에 의한 것이다. 배키 사건의 판결이 대학에 전하는 요지는 할당제나 과거의 차별 관행을 처리하는 것보다 혼합 인종으로 학생들을 구성하는 것이 어떠한 교육적 이점이 있는지 논의를 시작해야 하고, 이렇게 하는 것이 법적으로도 타당하다는 것이다. 이론적 근거를 변경함으로써 관행을 유지한 것이다.

파월의 의견은 대학 입학의 언어를 바꾸었다. 파월은 실력 위주의 이론을 추구하는 사람들조차 이미 알고 있었을 사실을 밝혔다. 심지어 어떠한 대학도, 특히 하버드 대학교 같은 곳조차 철저하게 성적을 기준으로 한 입학 정책을 취한 곳은 없다는 사실을 지적하면서 성적 중심 이론의 허점을 노출했다. 음악 신동에서 풋볼 스타, 해당 학교 출신의 자녀, 지역 주요 인사의 후손에 이르기까지 대학은 항상 학생들을 선발할 때 비표준화된 표준화할 수 없는 속성을 고려해왔다. 만약 대학이 SAT에서 최고 점수를 받은 학생들만 받아들인다면, 대학에는 매우 지루한 수업만 있었을 것이다. 파월이 배키 사건에 대한 의견을 낼 때 사용했던 단어인 '다양성'이나 그 비슷한 말을 오늘날 웹 사이트에서 찾아볼 수 없는 대학은 아마 거의 없을 터다.

다양성이라는 용어는 분명히 인종적 다양성을 함축하고 있다. 대학 입학 관리자는 종종 "나무 위에 세 명three in a tree"이라는 말을 사용한다. 이는 각기 다른 인종 그룹을 대표하는 세 명의 대학생이 나무나 근처에 있는 사진을 가리키는 것으로 이제는 표준이 된 대학 입학 홍보 사진을 뜻한다. 그러나 다양성은 인종적 의미 외에도 다양한 흥미와 재능을 의미한다. 대학은 더 이상 대학 입학처에서 약칭으로 쓰는 표현인 BWRKs bright well-rounded kids, 즉 밝고 무엇이든 다 잘하는 학생을 원하지 않는다. 이들은 '한쪽으로 잘 치우친' 지원자들을 찾는다. 더 이상 다재다능한 학생을 원하지 않고, 다양한 재능을 갖춘 학생들로 구성된 균형 잡힌 교실을 원한다.38

4

 1975년 이후 학생들의 균질성이 무너지면서 교수진의 균질성도 무너졌고, 인문학과는 일련의 변화를 겪었다. 이러한 변화는 특히 학부 교과과정에서 눈에 띄게 드러났다. 특히 민족적 관점과 전통에 대한 노출을 통한 다문화주의 중시 및 지식의 인종적 함의에 대한 관심으로 표현되는 가치관, 인턴십과 교외 사회봉사 프로그램의 등장을 통해 분명히 드러난 봉사에 대한 새로운 관심과 공동체에 대한 개념, 시민 교육, 교육을 학습과 탐구의 협력적 과정으로 정의한 존 듀이John Dewey의 교육적 개념이 이 시기에 중시됐다. 이러한 변화를 규명한 이정표적 연구는 1990년 발표된 카네기교육진흥재단의 회장 어니스트 보이어Ernest Boyer의 〈학문의 재고찰Scholarship Reconsidered〉이다.39

 학부 교과과정에서의 이러한 변화는 공정한 연구와 고전 또는 '서양문명' 교과과정으로 대변되는 황금기에 창조된 모델에 대한 반작용에서 일어난 것으로 학문적 혁명에 해당하는 것이었다. '사심 없음' '객관성' '이성' '지식'이라는 단어와 '과학적 방법' '일반적 규칙' '사실과 가치 구분' 등에 대한 논의는 ('사실'보다는) '해석', ('객관성'보다는) '관점' 및 '이해' (또는 '이성'과 '분석')로 대체됐고 이러한 경향은 특히 인문학에서 두드러졌다. 보편성과 '위대함'에 대한 강조는 다양성과 차이에 대한 강조로 대체됐고, 한때 다수의 '연성' 학과목에서 우위를 점했던 과학적 표준에 대한 매우 **엄격한** 회의론이 생겨났다. 문맥과 우연성은 계속해서 호소력을 지녔지만 '대상'에 대한 관심은 '표현'에 대한 관심에서 밀려났다. 이러한 변화가 가장 두드러지게 드러난 영역은 문학이었고, 그중에서 특히 많은 이론화가 이루어졌던 분야인 영문학과 불문학이 그러했다. 이론화의 영향은 인문학과로 퍼져나갔으며, 1970~1980년대에는 역사학, 인류학, 심지어는 법대로 확장됐다.

이러한 경향은 근본적으로 황금기 대학이 학제성學制性, disciplinarity을 지나치게 중시했던 것에 대한 반발이었다. 이 반발이 인구학적 다양성에 기인한다고 보기는 어렵다. 학제성을 중시하는 이론을 처음 수립한 사람들은 대부분 백인 남성이었고, 오래된 학과 모델을 그만두게 하는 씨앗은 이미 그 모델 자체에 내재하고 있었기 때문이다. 이로써 황금기 시대 학제성의 인위성은 내부 붕괴를 피할 수 없게 됐다. 다른 분야와 차별화하는 선을 그어버림으로써 탐구 분야는 형식을 갖추고 제도화됐다. 이러한 점에서 대학은 기호학적 시스템이라고 할 수 있는데, 한 학문 분야가 자신을 규정할 수 있는 방법은 자신과 다른 모든 학문 분야와의 관계를 통해서 가능하기 때문이다. 문학 연구는 철학이나 사회학, 또는 역사 역구를 바탕으로 하는 것이 아니라 문학 자체가 세운 지식적 기반 위에 서 있는 것이다. 그러나 학과 간의 경계가 더욱 엄격하게 적용될수록 학과목은 더 많은 자율성을 주장하게 되며 전복될 가능성은 더욱 커진다. 이 학문 분야의 기초 영역이 **극단적으로** 확대되거나 이 학문 분야가 연구 대상과 관련 있는 몇몇 측면을 억압하고 있음을 관찰할 수 있다. 그리고 이러한 억압된 측면은 보통 새로운 체제에서 다른 모든 것을 은밀하게 내내 쭉 몰아붙인 존재였음이 증명됐다.

영문학과를 예로 들어보자. 1950~1960년대에 문학 연구와 관련된 교육 및 저술 활동은 텍스트를 독립된 언어적 인공물로 대함으로써 이를 문맥에 상관없이 독립적으로 해석할 수 있으며 이러한 해석 은 어떠한 경우에도 변하지 않는 타당성을 지닌다는 개념에 의존하 고 있었다. 문학적 텍스트를 정독하는 것이 후세에 전해질 수 있는 관행과 검증할 수 있는 결과를 가진 학문 그 자체가 될 수 있다는 것 이다. 이 학과는 두 가지 반학문적 바이러스에 노출돼 있었다. 하나 는 파괴주의자들의 말 그대로 해석의 가능성을 '심연으로' 밀어붙이 는 것이다. 해석의 범위가 무궁무진해 해석자가 "여기까지가 이 텍스 트가 가질 수 있는 의미의 한계다"라고 해석의 한계를 제시할 수 없 고, 해석이 타당한지 외부에서 측정할 수 있는 방법도 없다는 뜻이 다. 다른 바이러스는 정치적인 것이다. 물론 문학 작품은 본질적으로 그 시대의 정치적 체계를 반영하고 그것을 영속화하는 데 어느 정도 기여하는 표현 시스템에 내재해 있다. 그런데 1970년대에 평범한 탐 구 과정의 결과로서 정치적인 대상과 함축적 의미를 말하는 것이 갑 자기 중요해지기 시작했다. 후기 구조주의와 문학적 연구는 문학 연 구의 외계인 침공으로 이루어진 것이 아니었다. 문학 교수들의 정상 적인 학문적 관행에서 자라난 것이다.

   그리고 이것은 1960년대와 1970년대 형식주의자와 전통주의자, 해석주의자에 이르기까지 학문적 접근법의 개혁과 연관이 있는 사실 상 모든 영향력 있는 인사들의 작품에서 살펴볼 수 있다. 과학사의 토머스 쿤Thomas Kuhn, 프랑스 및 비교문학의 폴 드 만Paul de Man, 역사 학의 헤이든 화이트Hayden White, 인류학의 클리퍼드 기어츠Clifford Geertz, 철학의 리처드 로티Richard Rorty, 영문학의 스탠리 피시Stanley Fish,[40] 이들은 현대 대학 요람이 "다양하다"라고 부르는 구성의 집단이 아니었다. 이들은 모두 백인 남성으로 학과 시스템에서 교육을 받았고 이들의 작품은 학과목이라는 틀 안에 존재하고 있었다. 피시가 근대 영문학 연구의 창시자인 I. A. 리처즈와 윌리엄 엠프슨William Empson이 개척한 독자 – 반응 접근법의 정점이었던 것처럼 미국 한계에 해체 이론을 도입하는 데 주요한 역할을 했던 드 만의 비평은 많은 측면에서 철저한 수사적 분석에 기반을 둔 '신비평적' 전통의 정점을 이루었다.[41] 문학의 기호주의 이론을 주장하며 많은 이에게 영향을 주었던 클리퍼드 기어츠의 저서는 냉전 시기 황금기의 학과목 만들기의 가장 간단한 행동 중 하나에서 탄생한 것이다. 그것은 바로 탤컷 파슨스가 사회과학을 사회학 영역인 사회 시스템, 정신학 영역인 개인성 시스템, 인류학 영역인 문화 시스템, 이렇게 세 가지 범주로 분류한 것을 가리킨다.[42] 《과학 혁명 구조The Structure of Scientific Revolutions》에서 쿤 수정주의자적 해석이 실제로는 철학 및 과학 역사의 전통을 전혀 벗어나지 못했던 것처럼 《철학과 자연의 거울Philosophy and the Mirror of Nature》에서 철학의 분석학적 전통에 종지부를 찍고, 아니면 적어도 이를 초월하고자 했던 로티의 시도는 분석적 철학의 전통을 철저하게 답습하는 데 머물렀다. 그러나 이러한 학자 중에서 그의 학문을 외부에서부터 공격하는 사람은 아무도 없었다.

또한 그들은 정치적인 비판을 하지도 않았다. 쿤의 책은 단연코 과학 연구 작품이 아니었다. 그러나 그 책은 과학 연구, 다시 말해 과학 연구의 사회·정치적 맥락에 대한 탐구를 불러일으키는 데 유용한 역할을 했다. 그리고 지적 변증법에서의 이러한 전환이 인종과 성별 무시하고 무조건 실력만 중시하는 기존의 교육적 이상이 몰락하도록 하는 데 기여했다는 사실을 의심할 여지가 없다. 그리고 이를 통해 이전에 냉전 시대의 학과목의 한계를 비판하는 과업을 위해 그동안 학문적 장치에서 제외되거나 변방으로 밀려나 있던 구성원들이 중앙으로 등장하게 됐다. 문학 연구에서 포스트식민주의 연구를 한 에드워드 사이드Edward Said, 페미니즘 비평가인 샌드라 길버트Sandra Gilbert, 수전 구바Susan Gubar, 퀴어 이론의 이브 세지윅Eve Sedgwick, 마르크스주의 비판의 프레드릭 제임슨Fredric Jameson 같은 학자들과 관련된 작품을 통해 드디어 정치적으로 중대한 비판이 제기됐을 때, 이미 대안적 비평 패러다임이 작동하고 있었다.[43]

5

인문학과의 혁명은 두 단계에 걸쳐 일어났다. 초기 혁명은 학제성의 재정의가 아니라 일종의 반학제성anti-disciplinarity이었다. 이 당시에 동료의 검토를 거친 출판, 논문과 일부 교육을 포함한 학문 활동은 자신을 본질적으로 전통적인 학과목이라는 존재에 반대하는 존재로 정의하는 패러다임으로 흐르기 시작했다. 이러한 새로운 패러다임은 기존의 패러다임이 배제했던 대상을 수용하는 수단으로서 자신의 존재 의의를 찾았다. 여성 연구, 문화 연구, 과학 연구, 동성애자 연구, 후기 식민주의 연구 등을 예로 들 수 있다. 이러한 연구들은 모두 관료주의적 설계에 의하면 특정 학과에 속하지 않는 과목들이었다. 이 과목들은 일반적으로 그 과목만을 전담하는 교수진이 없거나 때때로 자격증을 수여하는 경우는 있지만 최종 학위를 수여하지 않으며, 개념상으로 학제간 과목에 속한다. 여성 연구의 교수들은 문학과 사회학에서 자연과학에 이르기까지 다양한 학과 출신이었다. 이러한 활동이 일어나고 있는 기존 교육 제도의 틈새가 변화의 중심이었다.

반학제성은 학문 분야를 학과목으로 구분하고 나누는 것이 지식을 구성하는 제한적이고 인위적인 방법이라는 이론적 입장과 전통적인 학과에 새로운 탐구 영역을 적절하게 통합하지 못한 교육기관의 실패가 맞물려서 발행한 것이다. 여성 연구는 기존 학과목에는 성 편견이 깔려 있다는 인식에서 출발했다. 따라서 이 분야는 처음부터 근본적으로 반학제성을 취할 수밖에 없었다. 대개 황금기의 인물로 충원된 전통적인 학과는 성이나 민족 정체성을 타당한 교육 및 학문 분야로 인정하지 않았기 때문에 이러한 새로운 학문적 중심이 생겼다. 따라서 이를 인정받기 위한 가장 좋은 방법은 학과를 벗어나는 것이었다. 1980~1990년대에는 내부 비평에 의해서 존재를 규정하는 학과들도 있었다. 그래서 자신의 학문 분야가 경험한 실패와 놓친 것을 이야기하는 사람들이 두각을 드러내기 시작했다.

황금기와 후기 황금기적 탐구 방법 사이에 명백한 분열이 생긴 시기에 영문학 교수인 제럴드 그라프 Gerald Graff[44]를 위시한 여러 학자의 지지를 받은 충돌교육법 teach-the-conflicts resolution에 대한 논의가 보편적으로 이루어졌다. 이 개념은 대학교수들이 자신들의 학과 안에서 불화를 일으키는 존재를 교육 주제로 삼음으로써 이를 중립화할 수 있다는 것이다. 그러나 이러한 충돌교육법은 새로운 패러다임에 대한 저항이 대부분 사라지거나 조기 은퇴하면서 결국 무용지물로 비치게 됐다. 새로운 과정들이 학과목에 추가됐다. 예를 들어 1997년

《뉴욕 타임스》는 성 정체성에 대한 강좌를 사실상 미국의 모든 인문대학 요람에서 찾아볼 수 있다고 보도했다.[45] 여기에는 전통주의자들도 참여했다. 인습 타파주의자도 어느 정도는 참여하게 됐다. 교활한 역사의 장난으로 이들은 깨어나 보니 한때 파괴해버리려고 했던 마을의 통치자가 돼 있었다.

1990년대 이후에 일어난 것은 정확히 말하면 학제성으로의 복귀가 아니었다. 그것은 부분적으로만 관련이 있는 간학제성 間學制性, interdisciplinarity 및 탈학제성 postdisciplinarity, 이 두 방향에서 일어난 운동이었다. 이러한 용어들은 보기보다 규정하기 어렵다. 어떻게 보면 진정한 간학제성이 무엇인지 아는 사람이 없는 듯하다.[46] 탈학제성은 다양한 경향을 나타내는데 이는 방법론적 절충주의, 음악이나 패션에 대한 글을 쓰는 문학 교수 등 경계를 넘나드는 학문 활동, 교육 분야와 무관한 대중을 대상으로 글을 쓰는 듯한 탈전문화 및 공공 지식인의 역할을 포함한다. 그러나 이러한 변화가 모든 학과에 똑같이 일어나지는 않았다. 어떤 분야는 변화를 겪었지만 어떤 분야는 그렇지 않았다. 예를 들어 인류학은 탈학제성을 더욱 추구했지만 사회학은 그렇지 않았다. 영문학은 간학제성을 추구한 반면, 자신의 고유한 학문적 특징을 제시하는 데 항상 어려움을 겪어왔던 분야인 비교문학은 오히려 더욱더 학제성을 추구하고자 했다. 이렇듯 역사는 새로운 제도를 수용하고 있었다. 사회 역사와 기타 '기본' 접근법들이 정통적인 접근 방법에 추가됐고 역사학자들은 객관성과 해석 사이에 존재하는 해결하기 곤란한 복잡한 상황들과 씨름했다. 반면 철학은 그리 협조적이지 않았다. 로티는 그가 경력의 후반부에 적을 두었던 두 대학의 철학과에서 환영받지 못하는 인물이었다. 스탠퍼드 대학교에서 그는 비교문학 교수로 임용됐다. 사실 철학자 자크 데리다Jacques Derrida가 미국에서 끈질기게 문학비평가라고 알려지는 이유 중 하나는 대학에서 강의를 했을 때 문학과의 객원교수였기 때문이었다. 구조주의자들, 후기 구조주의자의 사상과 관련한 많은 유럽 철학자의 작품처럼 데리다의 작품은 미국 철학과에서 다루지 않는다. 이렇듯 인문학 분야 전체에 걸쳐 양립할 수 없는 학문적 기준과 가정이 존재한다는 것은 인문학에서 공통 패러다임을 추구하는 이들이 직면한 문제다.

이러한 불균형은 학부 교과과정을 비교해보기만 해도 금세 나타난다. 1970년 이후 대학 요람에 일어난 가장 큰 변화는 개설 과목 수의 엄청난 증가인데, 이는 등록률이 꾸준한 학과에서도 발견할 수 있다.[47] 동시에 훨씬 전문성을 띠는 강좌들이 생겨났다. 보통 개괄적 연구와 개론 과정은 한 학문 분야가 자신의 학문적 특징이 무엇인지 확실히 알지 못할 때 나타나는 현상인데 이러한 과목들이 사라지기 시작했다. 그러나 흥미로운 사실은 이러한 변화가 모든 학과에서 똑같이 일어나지는 않았다는 점이다. 일부 대학과 학과는 다른 대학과 학과가 간학제성을 추구하며 벗어나려고 한 협의의 개념에 더욱 집착하는 모습을 보이기도 했다. 예를 들면 트리니티 대학의 요람에서 철학과는 학부를 이렇게 소개한다. "훌륭한 철학자는 적어도 모든 것에 대해 조금씩 알아야 한다." 이 학과는 그런 의미에서 외국어 학습을 추천하지만 "텍스트에 세심한 주의를 기울이는 습관을 권장하기 위해서"라고 말한다. "근대 과학의 광범위한 이해"를 권장하지만 "어떠한 훌륭한 과학 강좌라도 (…) 적합하다"라고 주장한다. 계속해서 역사, 문학, 예술 강좌를 추천하지만 학생들이 일반적으로 할당된 독서량에 따라 이러한 분야의 강좌를 선택하도록 조언한다. 독서량이 많을수록 바람직하다. 그리고 이미 충분히 명확한 사실을 언급하면서 끝을 맺는다. "철학 전공을 위해 특정한 비학과 강좌를 수강할 필요는 없다." 그리고 다음 개론 과정을 소개하는 난에서 "철학에 입문하는 단일한 최상의 방법은 없다"라고 주장한다.[48] 반면 칼턴 대학은 철학 전공자가 선택과목과 상급 과정뿐 아니라 세 개의 개론 강좌, 즉 논리학·형이상학·인식론, 윤리학, 철학의 역사 강좌 가운데 하나를 필수로 듣도록 한다.

또 하나의 예로, 다른 점에서는 상당히 유사한 애머스트 대학과 웰즐리 대학의 영문과를 비교해보겠다.[50] 웰즐리 대학의 영문학 전공은 열 개의 영문학 강좌를 필수로 수강하게 하는데, 그중 여덟 개는 문학이어야 한다. 또한 많은 영화 강좌를 제공한다. 기본 작문 강좌는 전공에 포함되지 않는다. 모든 영문학 전공자는 '비평 해석'이라는 핵심 강좌와 셰익스피어에 관한 강좌, 1900년 이전에 집필된 문학에 관한 강좌 두 개 이상, 그리고 그중 하나는 1800년 이전에 집필된 문학에 관한 과목을 반드시 수강해야 한다. 교차 목록 강좌인 학제간 강좌는 단 하나만 전공에 포함된다. 이 강좌 목록을 살펴보면 이 대학의 영미문학과가 모든 전통적 역사 시대에 관심을 보이고 있다는 사실을 알 수 있다. 반면 애머스트 대학의 영어 전공자들은 '학과가 제공하거나 인정한' 열 개의 과목을 수강하면 된다. 다시 말해 어떠한 학과의 강좌라도 상관없다. 이는 전공자들이 들어야 할 핵심 이수

과목이나 따로 정해진 수강 기간이 없다는 뜻이다. 이들은 단지 상급과 하급 단계의 강좌를 하나씩 들어야 하고, 졸업 연도에 세부 전공을 결정하면 된다. 세부 전공은 해당 학과와 분명하게 관련성이 있는 세 강좌로 이루어져 있다. 요람에 따르면 학생들은 "강좌 선택과 세부 전공 영역의 종류를 지난 학기 수강 변경 기간이 끝날 때 변경할 수 있다." 온라인에 나타난 강좌 목록을 살펴보면 상당히 세분화돼 있음을 알 수 있다. 예를 들어 많은 상급 과목은 미국계 흑인 작가가 아닌 아프리카 작가와 같은 세부 주제에 집중하고 있다. 한마디로 애머스트 대학의 영문학과는 전공자들에게 상당히 관대한 태도를 취한다. 반면 웰즐리 대학교의 영문학과는 좀 더 실질적이고 구체적인 학과 모습을 제시하면서 분명히 반대 견해를 취한다. 이러한 대조가 시사하는 것은 인문학 패러다임이 상당히 손실됐다는 것이며, 이는 학부 교육에서도 살펴볼 수 있다.

학문 분야에 대한 최근 역사가 우리에게 시사하는 것은 더 많은 여성과 비백인을 교육 시스템에 등장시키면서, 전통적인 형식의 학문적 제약이 사라졌다는 이야기는 피하는 것이 현명한 선택이라는 점이다. 이러한 설명이 바람직하지 않다는 의미는 아니다. 놀랍게도 이러한 이야기를 낙관적인 버전으로 반복하는 다양성의 지지자들이 있는 것도 사실이다. 또한 이러한 논의가 틀렸다고 주장하는 것도 아니다. 단지 고등교육의 역사 안에서 냉전 시대의 대학은 이례적인 것이었고, 현재 교육 체계에서 일탈로 비판받는 것은 대개 이전 시스템에 대한 반발이라는 것이다. 즉 오래된 체계를 좋아하거나 이에 대한 향수를 느낄 수는 있으나 이를 근본적으로 옹호할 수는 없다.

1970~1990년대에 인문학이 경험했던 것은 혁명에 맞먹는 지적, 교육적 변화였다. 다른 주장을 펼치는 비평가들도 있겠지만 인문학은 자신만 이러한 변화를 겪고 나 몰라라 하지 않았다. 오히려 인문학은 나머지 학문 분야가 객관성 및 해석을 둘러싼 문제와 인종과 성적 차이의 중요성에 관심을 두도록 도움을 주었다. 사회과학자들이 인지과학 연구를 통해 인간의 동기와 행동에 대한 사회과학적 모델을 수립하기 전부터 인문학자들은 이미 같은 작업을 수행하고 있었다. 그래서 문학 교수들은 이미 정치와 경제적 행동이 종종 비이상적일 수 있단 사실을 잘 알고 있었다. 그리고 인문주의자들은 언젠가는 더 많은 사회과학자와 심리학자가 자신들의 신념과 행동에 대한 해석에서 문화의 중재적 역할을 중요하게 여기게 되길 바랐다.

그런데 문학, 철학, 예술 같은 분야가 연구와 교육에 일관되고 안정적이고 명료하기까지 한 패러다임을 가지고 있어야 하는가? 패러다임은 몇몇 방법과 주제를 빼내고, 다른 방법과 주제를 집어넣는 과정을 통해 자리 잡게 되는데, 이는 곧 비공식적으로 패러다임의 창조와 패러다임의 강화라는 과정이 끝없이 일어나고 있다는 뜻이다. 이를 회피하는 것은 모든 학생에게 A 학점을 주는 격인데, 모든 것이 다 중요할 수는 없는 법이다. 체계적인 지식 생산 활동의 목적 가운데 하나는 무엇이 중요하고 그렇지 않은지 결정하는 것이다. 그러나 이러한 패러다임이 얼마나 격식을 차려야 하는가?

1960~1970년대의 해석의 전환에서 1980~1990년대의 다양성의 전환에 이르기까지 인문학 교육 및 학문의 근간을 이루고 있던 철학

적 기반에 가해진 충격의 대부분은 무엇이 중요한지에 대한 그 당시를 지배하고 있는 관념에 도전함으로써 시작됐다. 혁명의 소용돌이에 있는 인문학의 생사는 이것이 정말로 지식인가 아닌가 하는 적법성 문제를 해결하는 데 달려 있었다.[51] 이미 혁명이 시작된 이상, 엎질러진 물을 다시 담을 수는 없어 보인다. 절충주의를 택하는 것이 대학 내 인문학의 숙명인 듯하다. 그러나 이것만으로는 근본적으로 인문학의 존재를 완전히 정당화할 수 없다. 대학의 한 구성원이 다른 많은 프로젝트와 함께 끊임없이 '기관의 정당화 위기' 문제로 고민하고 있다면, 이는 나머지 구성원들을 위해 봉사하고 있는 것이다. 탐구의 한계에 대한 지속적 탐구를 추구하는 것이다. 그리고 이것은 단지 지식에 대한 질문을 던지고 있는 것이 아니라, 그러한 질문을 제기함으로써 지식을 창조하고 있는 것이다. 지식의 형식에 대한 회의론적 태도를 취하는 것 자체가 지식의 형식이다.

우리시대의이슈 | 인문학 서바이벌

Chapter  | 간학제성과 불안감
Interdisciplinarity and Anxiety

1

21세기 고등교육에서 '간학제성間學制性, interdisciplinarity' 보다 큰 잡음을 일으키는 요소를 지닌 단어는 없다. 간학제성이란 여러 학문 분야의 방법론과 자료를 통합한 교육과 학문을 가리키는 말이다. 그 누구도 또는 거의 대부분 간학제성이라는 말에 토를 달려고 하지 않는다. 교수와 학장 모두 간학제성이라는 단어에 같은 열정을 보인다. 또한 일부 분야에서 직장이나 연구를 지원받으려는 이들은 자신들의 연구에서 간학제성을 강조하는 것이 사회 관습상 필요하다는 사실을 잘 알고 있다. 이러한 잡음적 성격은 간학제성이 교육과 학문을 조직하는 새로운 방법이며, 예를 들면 생각이 통하는 과학자와 인문주의자처럼 지식 통합 가능성을 제시하고 있음을 시사한다. 심지어 간학제성은 조금은 탈관습적 존재로 오래된 패러다임에 새로운 활력을 주고 근본적으로 새로운 견해와 사상을 만들어내며 학문을 삶과 더 친밀하게 할 수 있다. 간학제성은 학제성이 학과라는 학문적 저장고를 오랫동안 고집함으로써 교육의 발전을 가로막고 있는 장본인이며, 대학이 더 오래된 체제를 넘어설 수 있었다면 현재의 많은 문제가 사라졌을 것이라고 주장한다.

간학제성을 맴도는 이러한 모든 가능성과 함께 간학제성에 대한 논의에는 다소 불안감anxiety이 반영돼 있다. 그러나 어떻게 간학제성이 이러한 불안과 충분한 상관관계가 있는지 파악하기는 어렵다. 불안감은 존재론적인 것이고 간학제성은 근본적으로 전문적 교육 제도와 관련된 문제다. 간학제성은 교수가 직업적으로 동기 부여를 받아 이를 시행하기 위해 기관의 지원을 받을 경우 달성할 수 있다. 물론 교수들이 그럴 의욕이 없고 교육기관이 그다지 힘을 실어주지 않아서 이를 성취하지 못할 수도 있다. 그러나 간학제성은 본질적으로 체제 전복적이거나 반관습적이거나 변혁적이지 않으며, 심지어 새로운 개념이랄 수도 없다.[1] 여러 측면에서 간학제성은 기존 방식을 수용하고 있다. 그리고 교수들이 앞으로 현재 접하고 있는 것보다 다루기 어려운 제도를 만날 때 이론적 근거가 될 수 있다. 간학제성에 대한 논의에서 교수들이 논하고 있는 대상은 무엇인가? 그것이 진정한 간학제성이라 할 수 있는가? 교수들이 관심을 두는 대상이 **엄밀한 의미에서** 간학제성이라 할 수 있는가? 혹은 교수들이 진정 우려하는 대상은 다른 것인데, 단지를 이를 눈가림하기 위해 간학제성이 논의되고 있는가?

사람들이 간학제성을 논의할 때 정말로 간학제성에 대해 말하고 있는지 의심이 생기는 이유 가운데 하나는 왜 간학제성이 중요한지 질문을 던지면 그것이 학제성의 문제점을 해결해주기 때문이라는 대답이 돌아오기 때문이다. 하지만 이것은 잘못된 대답이다. 간학제성이 학제성보다 더 높은 권한을 갖고 있기는 해도 이 역시 학제성일 뿐이다. 학제성으로부터의 탈출구가 아니라 오히려 학술적이고 교육학적인 방식으로 학제성을 인정하는 것이다. 만약 교수들이 제거하고 싶어 하는 것이 학제성이라면, 새로운 질서를 간학제성이라고 불러서는 안 된다. 또한 교수들은 새로운 질서를 반학제성이라고 불러서도 안 된다. 엄밀하게는 탈학제성이라고 불러야 하지만, 이 역시 문제를 일으킬 여지가 있기는 마찬가지다. 아마도 교수들은 이러지도 저러지도 못하는 상황에 빠져 있는 듯하다. 이러한 교착 상태가 불안감의 원인일 것이다. 따라서 간학제성이 구원의 화신으로 등장하기까지 고등교육이 겪은 과정을 살펴볼 필요가 있다.

2

간학제성에 대한 논의를 시작할 곳은 학제성이다. 우선적으로 그리고 분명하게 말할 수 있는 것은 학제성은 철학자들이 말하는 자연 그대로 생겨난 존재가 아니라는 점이다. 학과는 각 지식의 부위를 먹기 좋게 잘라내서 만들어지지도, 느닷없이 생겨나지도 않았다. 학과는 특정한 역사적 순간에 구성됐으며 21세기 대학의 교사와 학생들이 그 순간을 대물림한 것이다. 이러한 구조가 어떠한 방식으로 어떠한 의도로 구성됐는지를 이해하는 것은 우리가 왜 학제성의 대안조차 간학제성이라고 부를 만큼 학제성이 교육적 관행에 굳건하게 뿌리를 내렸는지 이해하는 데 조금은 도움이 된다.

서로 독립돼 있는 효율적, 자율적 각각의 연구 분야를 말하는 학제성은 노동 분화 역사의 단편적 요소다. 학과목은 1870년에서 1915년 사이 근대 연구 대학과 함께 등장했다. 이 45년간의 기간은 미국 고등교육의 빅뱅 시대였다. 이 시대에 새로운 교육기관이 탄생했고 기존 모델이 우리가 오늘날 알고 있는 모델로 전환됐다. 또한 학부 교육기관들이 연구자들을 교육시키고 전문적 연구를 수행하기 위해 일반대학원과 전문대학원 운영에 참여했다. 학부 과정의 선택과목, 전문대학원 입학을 위한 학사 학위 요건, 학부생을 교육할 전문가들을 양성하는 일반대학원, 교수가 되기 위한 박사 학위와 학술 논문이라는 요건, 1915년 미국 대학교수협회의 창설로 시작된 학문적 자유 원칙의 표현 등 우리에게 친숙한 고등교육의 거의 모든 것이 이 시기에 생겨났다. 그리고 또 다른 두 개의 진전이 있었다. 교수들을 위한 전국교수협회가 설립되고 근대 학문 분야(학과)가 탄생하게 된 것이다.

역사학자 월터 메츠거Walter Metzger가 말했듯이 "1870~1900년 동안 거의 모든 학과목에 전국적인 규모의 전문화된 영역의 학술이나 학문 협회 같은 새로운 또는 재정비된 외부 기관이 설립됐다. 예를 들어 교육학과는 대부분의 학교 행정을 위한 기본 원칙을 수립했다. 이는 교수들을 위한 단순한 공식 기구 이상의 의미가 있었다. 바로 학문 세계에서 전문성의 영향력을 증명했을 뿐만 아니라 그 입지를 더욱 확고히 하게 된 것이었다."2 우리는 메츠거가 말한 "새로운 또는 재정비된 외부 조직"의 탄생을 1865년 광의의 사회과학 분야에서 아마추어 학생들을 위해 설립된 미국 사회과학협회의 발전에서 볼 수 있다. 1880년 이후 미국 사회과학협회는 근대 언어 교사와 학자들을 위한 근대언어협회(1883년), 미국 역사협회(1884년), 경제인(1885년), 기독교 역사학자(1888년), 민속학자(1888년) 및 정치학자(1889년)들을 위한 협회로 갈라졌다. 미국 수학협회는 1888년 형성됐으며 미국 물리학협회는 1889년, 미국 사회학협회는 1905년에 설립됐다. 이들은 모두 자기 학과의 자율성을 원하며 지금도 마찬가지이지만 자신들의 지적 학문 활동에 관여할 상부 단체가 없는 대학 중심의 교수단이었다.[3]

이러한 전국 학술 협회가 입지를 굳히고 있을 때, 대학에서는 급속하게 학과가 형성되고 있었다. 그리고 1900년까지 학과목 시스템은 대부분의 일류 대학에 자리를 잡았다. 다시 말해, 학문 활동이 30년이라는 시간 안에 완전히 재편된 것이다.[4] 그리고 이러한 재구조화는 고등교육 시스템의 극적 확장을 낳았다. 1870년, 미국에는 고등교육기관 563개와 학생 6만 3,000명이 있었다. 1900년에는 고등기관 977개와 학생 23만 8,000명이 있었다. 1930년에는 1,409개 학교에 학생 110만 명이 등록했다. 1870년에는 2만 3,868명으로 증가했다.[5]

근대 대학의 상승과 근대 학과의 등장은 직업의 프로화professionalization라는 동일한 현상에 속했다.[6] 여기서 프로화는 두 가지의 의미를 담고 있다. 바로 자격화credentialization와 전문화specialization다. 전문가는 학위를 받고 시험을 치르거나 다른 자격시험을 통과함으로써 전문 분야에 종사할 수 있는 허가를 받은 사람을 말한다. 19세기 말은 빠르게 성장하는 프로화의 시대였다. 사실 고등교육이 1870년 이후 자신을 변화시킨 이유 중 하나는 전문가를 훈련하는 주요 사회 기관이 되기 위해서였다. 이는 분명히 대학의 특기다. 대학은 입장과

퇴장을 위한 자격 요건을 갖추고 있기 때문에 효율적이고 모범적이며 매우 두드러진 관문이 될 수 있다. 또한 학과목과 전국 규모의 각 학과 협회의 탄생이 이루어진 그 시대는 의학이나 법학과 관련된 직업에서 전국 협회가 수립되고 해당 직업에 종사하기 위한 요건이 강화됨으로써 전문화가 이루어진 시기였다. 1847년 미국 의료협회가 설립됐고, 1878년 미국 변호사협회가 설립됐다. 또한 이후 법대와 의대 입학에 학사 학위가 필수 요건이 됐다.7 대학교수들의 업무가 프로화된 것도 이러한 큰 맥락의 일부다.

전문성은 모순된 충격에서 태어났다. 전문성은 한편으로는 민주 사회와 자유 시장 경제를 향한 움직임에 속한다고 볼 수 있다. 재능 있는 모든 이에게 직업적 기회를 약속하는 것이다. 직업을 통해 얻는 지위는 대를 이어 물려받는 것이 아니라 모든 응시생이 동등하게 대우받는 자격증 수여 과정을 거쳐서 얻는다. 전문성은 시장 경제의 특징인 노동 분화를 고급 직업 분화로 확장한 것이라 할 수 있다. 경제가 발달하면서 한 개인이 가질 수 있는 것 이상의 특정 지식을 요하는 업무가 생겨났고 프로화는 이러한 업무 수행에 필요한 전문가를 생산해내기 위한 메커니즘이었다.

그러나 한편으로 전문 직업은 자격증이 없는 사람들은 그 분야에 종사할 수 없도록 하는 독점적인 성격을 지니고 있다. 이러한 프로화의 독점적 측면은 분명히 자유 시장의 이론을 거스르는 것이다. 모든 전문 직업은 공개경쟁이라는 다소 혼란한 상태를 꺼리는 측면이 어느 정도 존재하며 이는 곧 전문 직업이 기여하고 있고, 프로화를 우선시하게 했던 시스템에서 일탈했다는 뜻이다. 한 분야에서 일하도록 허가받기 전에 자격증 획득을 요구하는 것은 자신과 동료를 시장의 힘에서 보호하기 위해서다. 실제로 19세기 전환기의 사회학적 문헌을 살펴보면 그 당시의 프로화가 제안됐음을 알 수 있다. 그 이론적 근거 가운데 하나는 자신들의 분야를 위태롭게 만들 수도 있는 자유 시장의 영향을 반드시 피하기 위해서였다. 이 같은 사실은 에밀 뒤르켐Emile Derkheim의 《노동의 사회적 분업The Social Division of Labor》, 허버트 크롤리Herbert Croly의 《미국적 삶의 약속The Promise of American Life》, 리처드 토니Richard Tawney의 《탐욕적 사회The Acquisitive Society》에서 발견할 수 있다.[8] 프로화에 대한 예찬은 20세기 초에는 급진적인 정치적 견해로 여겨졌다. 크롤리는 트러스트 해체론자인 시어도어 루스벨트Theodore Roosevelt의 지지자였으며 《뉴 리퍼블릭The New Republic》의 창간인 중 한 명으로 진보 계열의 주요 인물이었다. 앞서 말한 저서들이 모두 주장하는 바는 전문 직종이 시장의 힘에 맞서기 위해 취할 수 있는 유일한 보호책은 자본주의 경제에서 이익보다는 탁월성을 높여야 한다는 것이다. 효율성과 자기 이익에 따라 구동되도록 설계된 시스템에서 전문 직업은 돈보다는 질을 높게 평가하는 성과 기준을 수립했다. 그래서 전문직 종사자들은 다른 경제 종사자들이 이론상으로 그러한 것처럼 사리를 도모하는 것이 아니라 사심 없이 행동하는 사람들이다. 예를 들면 의사는 '좋은 의술'을 도모하기 위해 불필요한 수술을 시행하지 않음으로써 단기적 이익을 희생한다. 자신들의 사심 없는 행동에 대한 보답은 시장에서 직업을 보호받는 것이다. 결국 아무나 시장으로 진입할 수 없어지므로 전문직 종사자들은 보통 높은 보수를 받는 동시에 높은 수준의 직업 안정성을 누리게 된다.

특권적 지위를 이용했을 때 누릴 수도 있었을 우발적 소득을 포기하는 데 동의함으로써 장기간에 걸쳐 이익을 거둘 수 있게 됐다.

사심이 없도록 가능하게 하는 것은 전문성의 두 가지 특성이다. 하나는 전문 조직의 자치다. 전문 직종은 대개 스스로 규제한다. 예를 들어 전문화된 영역에 들어가고 직업 활동을 수행하기 위해 필요한 기준을 수립하며, 시장 상황이나 입법가 또는 시민 그룹, 시장의 수요와 같은 외부 힘보다는 자신들의 직업에 바람직한 것에 따라 행동한다. 미국 대학교수협회가 학문적 자유가 정치적 고려에 의해서 절충되는 것을 반대하기 위해 존재하듯 미국 의료협회는 무엇보다 의사들의 치료 활동과 그 기준이 금전적 고려 때문에 타협되지 않도록 격려하기 위해 존재한다. 대학교수들은 대개 자신의 직업에 내재한 기준에 따라 보상이나 징계를 받기 때문에 거의 항상 전문적 기준만을 고려해야 한다.

사심 없음을 보장하는 프로화의 또 다른 특징은 바로 전문화 그 자체다. 전문화는 전문직 분야를 좀 더 세밀화해 더 심층적이고 더 전문적인 훈련을 받을 수 있도록 하므로 작업의 생산성을 증가시킨다. 애덤 스미스Adam Smith의 유명한 예시처럼 핀을 제조할 때 철사를 당기는 일꾼은 철사만 당기면 된다. 머리를 부착하는 등 다른 기술을 익혀서 한꺼번에 많은 일을 하지 않아도 되므로 좀 더 효율적으로 작업할 수 있다.9 그러나 전문화는 이 밖에도 심오하면서도 중요한 사회적 기능을 수행한다. 전문화 이면에 자리 잡고 있는 개념은 전문화된 노력을 위해 필요한 지식과 기술은 전달할 수 있는 있어도 양도할 수는 없다는 것이다. 전달성은 전문 직업이 미래 전문직 종사자들의 생산을 독점할 수 있도록 하기 위해 필요하다. 전문 직업은 전문직에 적합한 능력을 한 세대에서 다른 세대로 전달함으로써 스스로를 재생산한다. 종사자들은 같은 전문직에 있는 다른 이에게 훈련받는다. 법학 박사 학위를 가진 이가 미래의 법학 박사를 교육한다. 또한 자격의 비양도성은 전문 직업의 자격을 가진 사람이 다른 전문 직업에서 그 자격을 행사할 수 없도록 한다. 예를 들어 변호사들은 법원에서 환자들을 돌볼 수 없으며, 의사들은 법원에서 고객을 대변할 수 없다. 영문학에서 박사 학위를 받은 사람이 사회학 분야에서 누가 박사 학위를 받을지 결정할 수는 없다. 이러한 전문성의 비양도성은 전문화된 경제 체제에서 각각의 바퀴가 평형을 이루도록 한다. 즉 높은 교육을 받은 사람들이 도를 넘는 권위를 주장하는 것을 막는다. 이는 자유 시장 경쟁을 회피하려는 모든 시스템에 내재된 엘리트주의를 견제하는 기능을 한다. 다시 말해 전문성은 똑똑한 사람들에게 지나친 사회 권력을 주지 않으면서 그들을 생산적으로 사용하는 방법이다.

근대 학과가 전문화된 직업의 두드러진 특징 모두를 어떻게 재생산하는지 쉽게 알아볼 수 있다. 근대 학과는 해당 분야에서 가입, 승진, 퇴출에 대한 모든 기준을 결정할 수 있는 거의 절대적 권한을 가진 실무자들로 이루어진 자치적이며 대체로 폐쇄적인 성격의 공동체다. 학과는 사심 없음이라는 원칙에 따른다. 그에 따라 해당 분야가 아닌 다른 분야의 이익적 필요를 얼마나 만족시키는가가 아니라 동료 검토라는 과정을 통해 새로운 지식을 기존 학문과 비교함으로써 새로운 지식의 생산을 통제한다. 예를 들어 역사학과는 누구를 역사학 교수로 임명할지 시장이나 동문회 또는 물리학과와 상의하지 않는다. 학문적 자격은 양도할 수 없기 때문이다. 해당 학과가 아닌 곳에서 일을 구하는 박사 학위자라면 이를 쉽게 깨달을 것이다. 그리고 학과는 높은 수준의 전문성을 권장하는 듯 보이지만 실제로는 이를 강요한다. 학과는 스스로 이러한 체계를 세움으로써 사회적 권위를 얻는다. 즉 전문가를 양성하기 위한 시스템을 수립하고, 그 시스템이 생산해낸 전문가들이 상품을 보증하는 것이다. 무능한 종사자는 실제 업무에 종사하도록 허가받지 못하기 때문에 쓸모없는 학문은 전파되지 않는다.

상품을 승인하는 것은 바로 시스템이다. 그 사실 때문에 전문가 공동체에 속하지 않은 그 누구도 그 안에서 생산된 작품의 가치를 평가할 자격이 없다. 이 시스템의 가장 중요한 기능은 지식의 생산이 아니라 시스템을 재생산하는 것이다. 달리 말하면, 시스템 자체의 생존과 제품이 거래되는 시장의 통제를 위해 가장 중요한 기능은 생산자를 생산하는 것이다. 학과는 효과적으로 자신들의 분야에서 지식의 생산을 독점하고자 하거나, 독점하며 지식 생산자의 생산도 독점하고 있다. 예를 들면 법대 밖에서는 법률 역사에 대한 과목을 제외한 법학 강좌를 수강할 수 없다. 실제로 법대는 지원자들에게 법학과 관련된 분야보다는 다른 과목을 전공하도록 권장한다. 이는 법률가들이 균형 잡힌 교육을 받게 하기 위해서라고 하지만 이렇게 하는 것이 법학 분야에서 법률가들이 지식을 계속해서 독점하는 데 도움이 되기 때문이다.

이상한 점은 한 전문 직업이 누리는 사회적 권위가 적을수록 거기에 진입하는 데에는 더 많은 제약이 가해지고, 새로운 생산자를 생산하는 과정은 더욱 엄격해지는 경향이 있다는 것이다. 법률가는 3년, 의학 박사는 4년, 의과학자 과정은 6년 안에 끝낼 수 있지만 인문학 분야에서 박사 학위를 얻기 위해 걸리는 시간은 보통 9년이다.[10] 그리고 전문 직업의 자기 규제적 측면이 더욱 강화되고 자격증을 얻어 실무에 들어가는 것이 더 어려워질수록 개인 종사자와 해당 학과와의 동질감은 더욱 커진다.

높은 학문적 자유를 추구하기 위해 학과는 이러한 방식으로 스스로 규제한다. 전문 직업인을 위한 자격증 부여 및 전문화라는 과정을 담당하는 이 시스템은 해당 분야의 품질을 유지하고 그 분야의 사람들이 외부 힘에 방해받지 않도록 보호한다. 이 시스템은 이러한 엄청난 혜택을 주지만 **그 혜택은 전문직 종사자들에게만 해당될 뿐이다.** 가장 약한 전문직 종사자라도 그룹 전체의 집단적 권위를 통해 지원받기 때문에 혼자 일하는 가장 뛰어난 비전문직 종사자, 흔히 말하는 독립적인 학자에 비해 난공불락의 우위를 갖게 된다. 비전문직 종사자는 스스로 자신의 명성을 쌓아가야 하지만 전문직 종사자는 기관에서 신뢰성을 부여하기 때문이다. 이 때문에 사람들은 학위를 얻기 위해서 기꺼이 엄청난 시간과 돈을 들이고자 한다. 자격 인증서를 얻기만 하면 전 세계의 학문 자원과 성과를 공유하고자 하는 학자들의 네트워크에 접근할 수 있기 때문이다. 학교에 속해 있지 않은 작가나 학자 들은 좀처럼 이러한 기회를 얻을 수가 없다. 접근 권한을 제한함으로써 질을 보장한다는 이중 동기는 모든 전문 직업이 스스로 정당화하기 위해 주장하는 논지에 반영돼 있다. 각 전문 직종들은 다른 사람들의 필요에 적절하게 부응하기 위해서 스스로에 대해 책임질 줄 알아야 한다는 것이다.

하지만 근대 전문직 종사자들의 발전에는 한 단계가 더 남아 있다. 바로 그 기관의 한 조각이 공식적 그림에서 떨어져 나가는 때다. 스탠리 피시는 이를 학술 전문가가 되기 위한 필요조건인 반전문성이라 부른다.[11] 학술 전문가가 되는 것은 반드시 그렇다고 할 수는 없지만 자신에게 자격증을 부여하고 지원해주는 기관 및 조직의 기구에 대해 회의적이거나 때로는 적대적인 관계를 유지하는 것을 의미하기도 한다. 그러려면 이 시스템을 통해 획득한 자율성을 자신의 것처럼 보이게 할 필요가 있다. 학문적 전문성의 상태를 이해하고 이에 따라 오늘날 학제성의 상태를 이해하려면 시스템 초월이라는 마지막 단계가 어떻게 관리되는지 이해해야 한다.

3

앞서 과정을 설명하기 위해 나의 전공인 영문학을 예로 들 수 있다. 박사 학위, 동료 검토, 종신재직권 등 모든 학문 분야가 비슷한 요건을 갖추고 있고 관료주의적으로 유사하게 다뤄지고 있다. 하지만 유념할 것은 몇몇 연구 분야는 학문 구조에 잘 들어맞지만 몇몇 분야는 그렇지 않다는 점이다. 이를 학문적 약칭으로 '연성' 학문과 '경성' 학문이라고 한다. 그러나 이러한 용어가 몇몇 이들의 심기를 불편하게 할 수도 있기 때문에 사용하지 않도록 한다. 지식이 생산되는 우주를 조각내 구분하는 또 다른 방법은 사물이 존재하는 방식에 관심을 갖는 학문 분야와 사람들이 행동하는 방식과 사물이 의미하는 것에 관심을 갖는 분야로 구분하는 것이다. 첫 번째 탐구 유형은 기본적으로 실증적 유형이고 세 번째는 기본적으로 텍스트 해석적이며, 두 번째 탐구 유형은 보통 측정과 해석의 결합을 수반한다. 영문학과의 활동 영역에는 실증적 측면이 존재하지만 그 작업은 주로 사물이 의미하는 것이 무엇인지를 알아내는 텍스트 해석적인 면이 강하다. 그리고 영문학이라는 노동의 결과를 확실히 화학 실험 결과나 투표 행동을 분석하는 것처럼 객관적 방식으로 접근하기 어렵다. 같은 대상을 탐구하는 사람들 사이에 동의를 얻는 것은 고사하고(이러한 동의도 보통은 잠정적이며 그러하다고 이해하는 정도일 뿐이다) 빈틈없는 검증 절차조차 없기 때문이다. 그래서 해석적 연구 분야에서는 프로화의 영향이 좀 더 확연히 나타난다. 그렇다 보니 더 많은 왜곡이 있을 수밖에 없다.

근대 대학의 첫해에 영문학 분야는 언어학자들의 지배를 받았다. 1876년 설립돼 미국 고등교육에서 연구 기관의 모델로 자리 잡은 존스홉킨스 대학교에서 영문학은 독문학과에 속해 있었다.[12] 이러한 방식으로 문학을 연구 대학의 구조로 통합하는 것은 효과가 있었다. 이 학문 분야가 학문의 과학적 콘셉트에 맞게 구성됐고 언어학은 스스로 과학적 학문 분야임을 표방했기 때문이었다. 결국 지배적인 학문적 판단에 의해 언어학은 문학사로 대체됐지만 아무런 문제도 없었다. 문학사 역시 과학적 혹은 유사 과학적 학문 분야임을 주장했기 때문이다. 문제는 영문학 교수들이 문학비평 분야의 개설을 제안했을 때 발생했다.

순수하게 지적 관점에서 보면 문학비평을 영문학 교수들의 학문

범위에 포함시키는 데 장애물이 있다는 것은 조금 터무니없는 일이다. 문학비평은 영문학의 직무 분석표에 자연스럽게 속해 있는 듯 보이기 때문이다. 그러나 장애물은 있었다. 장애물은 대부분의 사람이 비평 활동을 하면서 겪었을 문제점 때문이 아니라 교육기관의 구조적 이유로 두드러지게 됐다. 문학비평이 타당한 전문적 탐구, 즉 학문 지식의 생산을 관리하는 자기 규제 과정을 담당할 수 있는 활동으로 간주되기 위해서는 규명돼야 할 점들이 있었다. 첫 번째는 문학이 실제로 학문적 탐구를 위해 분리될 수 있는 대상이라는 것이다. 이는 문학 연구가 전달할 수 있지만 다른 형태로 바뀔 수는 없는 지식과 기술을 요하는 분야라고 증명해야 한다는 뜻이다. 문학비평이나 특정 비평 분야가 이러한 성격의 지식과 기술을 구성하는지, 문학 연구에서 초기 전문가들을 표준적 학문 방법에 따라 심사하고 자격을 부여할 수 있는지 증명해야 한다는 것이다. 표준적 학문 방법은 지식에 대한 독창적 기여를 하는 저술 활동(논문), 동료 평가를 거친 저널과 언론에 학문적 의견을 개진, 종신재직권 심사 및 모든 기타 학술 직업 관련 시스템을 의미한다.

    문학비평을 문학 작품에 최대한 독특한 해석과 평가를 내리고 이러한 활동에서 도덕적이고 비심미적 결론을 도출하는 것을 생각한다면 문학과는 흥미로운 문학비평이나 문학비평가를 생산하는 일이 그리 적합하지 않다. 그러나 문학비평을 철학적 근거가 있는 탐구방법을 활용해 문학 또는 문학적 언어의 본질을 발견하는 활동으로 생각한다면 근대 대학은 비평 활동을 하기 위한 좋은 장소다. 21세기 후반에 문학비평이 문학 비평가들에게 직접 제기했던 도전은 문학역사가인 월러스 마틴Wallace Martin이 다음과 같이 잘 요약하고 있다. "비평가들이 많은 학자가 옹호하는 지식에 대한 실증주의적 개념에 반하는 가치와 취향의 중요성을 끈질기게 주장하는 한, 그들은 제도화된 문학 연구에 사실상 아무런 기여도 하지 못할 것이다. 그들은 이 학자들에게 반대한 것이 아니라 근대 대학이 뿌리를 두고 있는 지식의 개념에 반대한 것이다. 그들은 이론과 원칙이 필요했기에 비평을 지식의 형식으로 합법화하는 수단을 발견하게 됐다."13 문학비평을 전문화하는 이 작업은 시행하기까지 오랜 시간이 걸렸다. '비평'이라는 말이 전문 문학과 언어 연구의 대상을 열거하는 근대언어협회에 추가된 것은 1951년이 되어서였다.14

이러한 규모 변화는 학생 수의 인구 통계적 변화에서 재정 지원에 대한 변화에 이르기까지 많은 요인이 함께 작용했다. 그러나 이러한 변화에 대해 괄목할 만한 지적 기여를 했거나 이러한 변화가 반영된 사례를 골라보면 1900년에서 1904년 출간돼 신비평 학문에서 두 개의 위대한 학문적 증언을 남긴 조지 세인츠버리George Saintsbury의 세 권짜리 《유럽의 비평 및 문학적 기호》, 1955년 첫선을 보인 르네 웰렉René Wellek의 여러 권으로 나뉜 《근대 비평의 역사A History of Mordern Criticism: 1750~1950》와 1957년 출판된 클린스 브룩스Cleanth Brooks와 윌리엄 K. 윔샛William K. Wimsatt의, 제목과 다르게 그다지 짧지 않은 《문학비평의 약사Short History of Literary Criticism》를 비교해볼 수 있다. (웰렉, 브룩스, 윔샛 모두 대학교수였다.) 1904년, 에든버러 대학교의 수사학 교수였던 세인츠버리는 친구들이 자신에게 문학이 정말로 실제 이야기하거나 말할 수 있는 대상인지 물었다고 한다. 이 질문은 《비평과 문학적 취향의 역사A History of Criticism and Literary Taste in Europe》라는 책의 요점이다. 세인츠버리는 문학은 정말로 실제 이야기하거나 말할 수 있는 대상이며 오래전부터 사람들이 그렇게 해왔다는 자신의 믿음을 확고히 함으로써 친구들의 질문에 대답할 수 있었다고 말했다.15

하지만 미국의 영문학에서 1세대를 구성하는 신비평가에게 그렇게 믿는다고 주장하는 것으로는 불충분하다. 웰렉은 세인츠버리의 역사서에 대해 이렇게 말했다. "언뜻 보면 감탄할 만하고 작가의 설명과 방식이 생동감 있어 읽을 만한 책이긴 하지만 (…) 내가 볼 때 이 책은 이론과 미학의 문제에 대한 관심이 결여된 듯해서 가치가 상당히 손상된 듯싶다."16 또한 웰렉은 이렇게도 말했다. "**작문 활동은 역사와 무관할지 몰라도** 비평의 역사는 그 자체만으로도 흥미로운 주제다." 그는 이를 증명하기 위한 학문 활동을 지속했다.

브룩스와 윔샛은 《문학비평의 약사》에서 이보다 한 단계 더 나아갔다. 그들은 비평의 역사는 비평이 하나의 학문 분야이며 문학 자체가 별개의 연구 대상임을 증명하는 것이라고 주장했다. 다시 말해 문학은 도덕철학이나 사회역사 또는 사상사의 한 분야가 아닌 '문학으로서' 논의될 수 있는 무언가다. 또한 브룩스와 윔샛은 "문학적 논쟁의 역사에 '연속성과 명료성'이 있다는 믿음으로 글을 쓴다. (…) 문학적 문제는 단지 역사가 만들어서 생기는 것이 아니다. 문학은 그러한 것이고 그러한 종류로, 인간의 경험에 대한 역사와 그러한 관계를 보여주고 있기 때문이다"라고 말했다. 그들의 주장에 따르면 문학비평 연구는 "다양성과 혼돈에 대한 다양성을 주장하지만 사실은 그다지 다양한 견해가 아닌 깊이 뿌리박혀 있는 절대적 원리에 대한 많은 보완적 통찰력과 시적 원리인 영원한 인간에 대한 진실"을 가능케 한다.[17]

문학적 언어라고 할 만한 대상이 따로 있고 문학비평은 이를 검증하기 위한 분석적 도구를 제공한다는 주장은 연구 대학에 정착하고자 하는 신비평의 근거였다. 신비평은 문학적 텍스트의 공식적 특징을 강조하고 신비평적 학문과 교육법의 특징인 '철저한 독서'를 강조했으며, 이러한 강조는 1970년대 예일학파 시대에도 줄곧 계속된다.[18]

문학비평이 학제성의 요구 조건에 적응한 방식에 대한 이야기는 전문화라는 맥락으로 볼 때 흥미로운 점이다. 그것은 학자도 아니었고 학문 비평에 대한 애착도 없던 사람이 이 과정에서 중심 역할을 했기 때문이다. 그는 바로 토머스 엘리엇Thomas Eliot이었다.[19] 그 당시의 젊은 신비평가들에게 엘리엇은 시, 보수적 사회사상, 문학적 비평뿐만 아니라 본보기가 되는 모습 때문에 영웅 같은 존재였다. 1914년 하버드 대학교의 철학과 박사 과정 학생이었던 엘리엇은 논문을 쓰려고 영국으로 갔다. 그때 그는 스물여섯 살이었고 아는 사람은 아무도 없었다. 그로부터 8년 뒤 21세기 시 문학에서 가장 뛰어난 두 책 《프루프록 및 그 밖의 관찰Prufrock and Other Observation》(1917), 《황무지The Waste Land》(1922)의 저자이자 계간지 《크라이티리언The Criterion》의 편집자로 유명해졌다. 또한 영문학 연구 분야에서 중요한 에세이 중 하나인 《성스러운 숲The Sacred Wood》(1920)을 출간했다. 엘리엇의 비평과 어조, 그가 사용하는 특별한 어휘 모두 중요하지만 특히 눈여겨 볼 것은 그의 작품 가운데 널리 인용되는 에세이인 《전통과 개인의 재능Traditional and the Individual Talent》(1919)이다. 이 에세이는 자율적 학문으로서 비평의 기초에 대한 강력한 진술이다.[20] 본질적으로 이렇게 묻는다. 시인은 무엇을 알아야 하는가? 답은 바로 시다. 시를 이해하기 위한 최선의 방법은 다른 시와의 관계에 의해서 이루어진다. 이는 문학비평학의 큰 계획을 수행하기 위해 꼭 필요한 전제다.

엘리엇의 처방은 형식주의이고, 학술적 학제성 역시 마찬가지다. 경험의 한 측면을 분리하고 그 측면을 다른 탐구 분야에 대한 특별한 지식 없이도 당당하게 추구할 수 있는 자율적인 탐구 분야를 위한 기반으로 만드는 것이다. 영문학 교사들은 전문가로 인정받고자 역사학자, 사회학자, 심리학자 또는 철학자가 되지 않아도 된다. 영문학 교사들이 이러한 분야에서 훈련을 받거나 자격증을 가져야 할 필요는 없다(그리고 보통 그들은 이러한 자격증이 없다). 이들은 오직 자신들의 전문적인 능력으로 문학만 아는 역사학자, 비평가, 이론가가 되면 된다.

자율성에 대한 이론적 정당화를 제공함으로써 새로운 관행이 학문 기관에 통합되는 이러한 단계 뒤에는 반드시 마지막 움직임이 뒤따른다. 즉 전문가의 시대(연구 대학의 시대)와 예비 전문가의 시대 사이에 존재하는 역사적 경계를 제거하는 것이다. 문학비평의 경우는 아마추어의 시대, 문필가의 시대라고 할 수 있다. 영문학 연구의 역사에서 엘리엇은 핵심 인물이었다. 그는 학술 기관과는 전혀 관련이 없는 비평가였지만 과학적으로 그럴듯해 보이는 어휘와 기준을 활용한 비평을 창조했다. 많은 교수가 자신들의 개인적이거나 정치적인 관심 또는 즉흥적 열정을 노출하지 않음으로써 그의 비평을 도용할 수 있었다. 엘리엇의 작품에는 그의 관심사와 열정이 풍부하게 담겨 있었으며 그는 비평 에세이를 통해 자신만의 시를 창조하고자 했다. 엘리엇은 학교 밖에서 형성된 키츠John Keats, 아널드Matthew Arnold, 와일드Oscar Wilde의 문학계와 예일 대학교 영문학과를 중심으로 형성된 문학계를 잇는 끈이었다. 따라서 웰렉의 《근대 비평의 역사》는 이마누엘 칸트Immanuel Kant로 시작해 여려 권의 책을 거쳐 웰렉의 예일 대학교 동료인 윌리엄 윔샛으로 끝맺는다. 또한 이에 따라 하버드 대학교 교수 월터 베이트Walter Bate의 널리 활용되는 문학비평 선집은 이 두 인물 사이에 존재하는 각자의 상황에 따른 차이가 마치 아무것도 아닌 듯 플라톤으로 시작해 그의 동료 더글러스 부시Douglas Bush로 끝맺는다.[21] 사실 이 선집은 전문화 시대 전후에 존재하는 이러한 생략을 실행하게 한 주요한 도구다. 그래서 우리는 장 자크 루소와 하버드 대학교 철학자 졸 롤스John Rawls를 포함하는 정치철학에 대한 선집 또는 샤를 보들레르Charles Baudelaire와 예술사학자 로절린드 크라우스Rosalind Krouss를 포함하는 예술비평 선집을 얻을 수 있다.

이러한 최종 단계는 지식 생산자의 생산을 관리하거나 보호하기 위해 나타난 전문가 조직, 기관 및 협회가 지나치게 눈에 잘 띄기 때문에 반드시 필요하다. 그렇다 보니 그들은 너무나 손쉬운 표적이 되고, 그들의 신뢰성을 빌려 쓰는 개개인의 전문직 종사자들 또한 자신이 불편하거나 받아들일 수 없다고 생각하는 이러한 '공식적인' 지위와 권위를 잃지 않고 멀리할 수 있는 방법을 고민하게 된다. 생각의 자유가 전문직의 자율성을 유지하기 위한 강렬한 충성심과 기관적 메커니즘의 문제와 직결되는 전문 직업에서 공식적 기구와 기관, 심지어 학문 분야를 뛰어넘는 무언가와 일체화하는 것은 매우 중요한 일이다. 학자들은 순응주의자들처럼 보이는 것을 원하지 않지만 그들의 성공 여부는 이것에 달렸다.

따라서 전문가 프로젝트의 완성은 전문 협회가 외부 권력으로부터 독립을 성취했을 때가 아니라 협회가 더 이상 전문직 종사자들이 갖는 권위의 진정한 원천으로 인식되지 않을 때 발생한다. 비록 우리가 법률가들이 모든 적법한 기관에서 인증받았을 것으로 기대한다 해도 사실 이들의 사회적 지위는 이미 이곳에 속한 이에게 특히 하찮은 직업적 요건으로 간주되는 변호사협회가 아니라 고대로부터 계속 이어진 법을 다루는 직업에 속해 있다는 의식에서 나온다. 전문 직업은 자신의 역사를 넘어서는 전통을 만들어낸다. 해당 직업의 업무 중에서 특별한 관심을 요하는 한 특징을 고립시킴으로써 전통을 만들어낸다. 영문학 연구의 경우에는 문학 언어를 이해하는 것, 법률의 경우에는 법률가처럼 사고하는 것을 그 예로 들 수 있다. 또한 이러한 특징은 그 직업이 제대로 실천되고 있는지 판단할 주요한 기준으로써 관심 대상이 된다. 그리고 이 직업은 이러한 구성에 기초해 규범을 만들어내게 된다. 이러한 수단으로 전문 직업은 사회와 경제적 구조에서 전통의 얼굴과 영속성을 성취하게 된다. 이는 주로 변화에 의해 특징지어진다.

4

1960년대 이후, 많은 학문 분야에 중요한 일이 생겼다. 학문 탐구에서 상대적으로 경계를 중시하던 기존 풍조에서 경계에 회의적인 태도를 갖는 풍조로 바뀐 것이다. 이는 사회 전체에서 전문 직업의 권위에 대한 존경을 상실한 것과 일치한다. 역사학자 토머스 해스켈Thomas Haskell이 1939년 사회과학 문헌에서 전문화에 대한 부정적 글을 거의 발견하지 못했다고 말한 것과 대조적으로 사회학자 엘리엇 프레드슨Eliot Freidson은 1960년 이후에는 이에 대한 긍정적인 글을 거의 발견하지 못했다고 말한다.[22] 이 말은 곧 대중이 전문가와 전문 직업인 혹은 적어도 전문화를 불신하기 시작했다는 뜻이다. 물론 고등교육 시스템의 증가에 따른 결과로 1960년 이후 수여된 전문 학위의 수는 상당히 증가해왔다. 그러나 모든 이와 모든 것의 전문화는 전문 직종 권위의 소멸과 완벽하게 일치한다.

몇몇 분야에서는 패러다임이 붕괴됐고 사실상 다시 회복되지 못했다. 오늘날의 영문학이나 인류학은 정확히 무엇을 연구하는 학문인가? 50년 전에 10여 명의 인류학 교수들에게 인류학은 무엇을 탐구하는지, 인류학 교수들이 역사학, 사회학, 경제학, 심리학 교수와 자신들을 구분하기 위해 하는 일이 무엇인지 질문을 던졌다면 이들에게서 각기 다르고 심지어는 모순되는 답을 들을 수 있었을 것이다. 그러나 교수들은 대개 "인류학은……이다"와 같이 문장의 빈칸을 채워 넣는 데 어려움을 거의 느끼지 않았을 것이다. 만약 어려움을 느꼈다면 그 사실을 떠벌리지 못했을 것이다. 오늘날에는 이 질문에 두 가지 유형의 답을 얻을 가능성이 크다. 하나는 인류학은 스스로 가정을 내리고 이를 연구하는 학문이라는 것이고, 다른 답은 인류학과 사람들이 하는 모든 활동이 인류학의 대상이라는 것이다. 물론 모든 학과가 이렇게 생각하지는 않는다. 그러나 이는 학제성에 대한 회의론의 또 다른 결과로 학문 분야 전반에 불균일하게 퍼져 있음을 알 수 있다. 서로 다른 분야의 교수 사이에 더 이상 대화가 이루어지지 않기에 간학제성의 판돈이 더 올라간다는 것이다. 간학제성이 보여주는 기능 가운데 하나는 실증과 해석적, 경성과 연성 학과들 사이에 있는 차이를 제거한다는 것이다. 단 "우리가 그 모두를 한 공간에 넣을 수 있다면……."

학과들이 특정한 접근 방법과 학문 대상을 배제하기 때문에 학자들은 이와는 반대로 해야 한다는 입장을 취하는 반학제성은 지속되기 어려운 패러다임이다. 그것은 학제성에 대한 반격으로 시작됐지만 반학제성이 생산적 작품을 만들어내는 한 추가라는 표준 학문 관행을 통해 쉽게 학문으로 섞여 들어갈 수 있다. 그리고 어떠한 경우에도 학과는 새로운 교수의 생산과 배치를 관리하며 일종의 탈학제성의 몇몇 분야가 도래했다고 해서 그것이 반드시 학과가 한물간 존재라는 뜻은 아니다. 학과는 여전히 자격증을 부여하는 권한인 고용원을 갖고 있다. 심지어 학과가 지적 존경을 잃고 있더라도 학과가 소멸되는 것이 교수들에게 이익이 되는지 전혀 알 수 없다. 학과가 수행하는 기능 가운데 하나는 학문적 자유의 보존이다. 학과는 하나의 공동체로 작용해 학과에 속한 구성원이 수행하는 학문 활동을 공동체의 기준에 따라 판단한다.

하지만 교수들이 행정가들의 임시변통 기준에 따라 고용된 경우나 비전문적 방식으로 학과에 자리 잡게 될 때 이러한 보호를 잃을 수 있다. 교수들의 지위는 단지 예산안의 몇 줄을 차지하는 데 그칠 뿐이다. 행정가는 적어도 이론상에서 학과가 와해되면 대학이 교수진을 더욱 효과적으로 사용할 수 있기 때문에 이를 반길 것이다. 예를 들어 특별 중세 연구가 한 명을 고용해서 중세 연구 프로그램에 임용한 다음 일부는 외부에서 자금을 끌어올 수 있는 능력에 따라 해당 프로그램의 존속을 결정할 수 있게 하는데 굳이 수강생도 많지 않은 역사학, 영문학, 불문학, 예술사학마다 중세사 학자를 고용할 이유가 있겠는가?

이러한 사실은 우리를 다시 간학제성으로 되돌아오게 한다. 간학제성은 학문과 다르지 않다. 학제성의 논리를 인정하고 있다. 실제로 간학제성은 학제성의 패러다임을 더욱 굳건하게 하는 경향이 있다. 일반적인 학제간 상황은 문학 교수와 인류학자를 한 교실로 불러 모으는 것이다. 문학 교수의 역할은 당면한 주제의 문학적 연구에 대한 전문적 방법과 지식에 집중하면서 문학 교수 자격으로 활동하는 것이고, 인류학자의 역할은 인류학적 탐구 방식을 활용하는 것이다. 이러한 방법론적 대조는 사실 협업을 지적, 교육적 방법으로 차용하는 것이다. 그렇다 보니 다른 사람의 권위를 빌려 쓰는 일이 생긴다. 예를 들어 문학 교수는 "인류학에서 우리에게 보여주었듯이"의 형식을 통해 인류학의 관점을 자신의 학문 활동에 통합할 수 있는데, 그 특정 관점이 정작 인류학 분야에서는 많은 이론이 존재할 수도 있다는 사실을 무시하게 된다.

교수들은 다른 학과의 자율성과 전문성을 존중하도록 훈련받기 때문에 다른 이들의 주장을 평가할 자리를 좀처럼 만나기 어렵다. 따라서 이러한 설명에 따르면 간학제성은 전혀 탈관습적이지 않다. 심지어 전혀 새롭지도 않다. 그동안 학제성은 단순히 인정받은 정도가 아니라 맹목적인 숭배 대상이었다. 학문 분야는 모든 가능한 시각을 종합한 것으로 여겨진다. 특히 교실에서 간학제성으로부터 얻을 수 있는 이점 가운데 하나는 다양한 견해가 상호 비평을 제공할 수 있다는 점이다. 경제학자를 심리학자와 예술사학자와 함께 같은 교실에 넣음으로써 학생들에게 각 학과의 한계를 이해하도록 할 수 있다. 비록 자기 수정적 과정이기는 하지만 이는 다소 희망 사항인 듯하다. 비평가들은 수정의 시작이다. 이는 사실이지만 지식의 목적은 한계를 인식하는 것에만 있지 않다. 또 다른 목적은 바로 그 한계를 초월하는 것이다.

간학제성에 대한 논의가 가장 보편적으로 일어나는 인문학에서 이러한 관행들은 대학이 19세기에 물려받은 서로 작은 영토로 분열된 지식 생산 구조를 강화하는 경향이 있다. 이 구조는 문학을 국적에 따라, 예술을 매체에 따라 구분한다. 인문학을 가르치는 것은 시대를 역행하는 방법이지만 어떻게 간학제성 그 자체가 그러한 구조를 살짝 개선하는 것보다 더 많은 일을 할 수 있을지는 알기 어렵다. 대학 교수들은 여전히 한 국가의 문학이나 예술 매체 등에 훈련돼 있기 때문이다. 그래서 간학제성과 맞닥뜨렸을 때, 자신이 속한 학과의 꼭대기에 올라가 서로 바라보며 그저 소리만 지르게 된다. 우리가 이미 확인했듯 전문성의 개혁은 지식 생산에 있지 않다. 그것은 전문가 재생산의 단계에 있다. 이러한 의미에서 교수들이 다른 방식으로 생산될 때까지 학문적 지식 생산의 구조와 전파가 가시적 변화를 경험할 가능성은 적다.

고등교육의 프로화는 완전히 합리적 발전이다. 프로화는 1870년 이후 높은 지위의 직업 변화와 맥을 같이하고 많은 이익을 낳았다. 무엇보다 연구를 고등교육의 주요 임무로 만들었다. 이러한 변화는 학부 등록률은 열 배 늘어났지만 대학원 등록률은 50배 늘어났던 1920~1950년의 통계학에 잘 반영돼 있다.[23] 1960년대 이후에 일어났던 전문성과 학제성에 대한 반발은 학술적 직업에 들어가도록 허가받고 승진하기 위한 요건을 느슨하게 함으로써 수반된 것이 아니라는 점에서 의미가 있다. 반대로 교수직을 얻기까지의 길은 50년 전보다 더 가팔라졌다. 1969년에만 해도 미국 교수의 3분의 1이 박사 학위가 없었다.[24] 그러나 오늘날 세계적으로 박사 학위는 교수 임용을 위한 전제 조건이 됐다. 그리고 교수진에 대한 논의는 지역이나 학교에 국한되지 않고 국가적, 학문적 분야 전체에 걸쳐 이루어지게 됐다. 이는 프로화의 또 다른 특징이다. 1989년에 교수의 40퍼센트가 학교에 충성심을 느낀다고 대답한 반면, 학과에 충성심을 느낀다고 대답한 이는 70퍼센트나 됐다.[25] 이러한 교수와 학과 사이의 동질감은 다른 이유 때문이라고 추측해볼 수 있다. 1969년에는 교수 가운데 21퍼센트만이 논문 등록 없이 자신의 학과에서 종신재직권을 얻기는 어려울 것이라고 대답한 반면, 1989년에는 교수의 42퍼센트가 이에 동의했다.[26] 간학제성을 국지적으로 수립하기가 어려운 이유 가운데 하나는 국가적으로 간학제성을 거의 찾아볼 수 없고 교수들 자신이 학교의 계획을 임시적인 것이자 국가 차원의 인정을 받아야 가능한 경력 발전과 무관한 것으로 간주하기 때문이다.

그렇다면 도대체 간학제성의 매력은 무엇인가? 예술비평가 해럴드 로젠버그Harold Rsenberg는《불안스러운 물체The Anxious Object》27라는 제목의 책을 출간했다. 이 제목은 1960년대의 예술인 팝아트, 미니멀리즘, 개념예술을 가리키는 것이다. 로젠버그는 이러한 예술 작품이 자신들의 정체성에 대한 확신이 없어서 불안해하는 것으로 생각했다. 그들은 자기 자신에게 이러한 질문을 계속 던진다. 나는 예술 작품인가 아니면 단지 폴라로이드로 만든 벽인가? 나는 조각인가 아니면 단지 벽돌 더미인가? 좀 더 실존적으로 나는 그 자체에 목적이 있는 심미적 작품인가 아니면 단지 상품인가?

무엇이 예술 작품에서 이러한 불안이 터져 나오도록 하는 것인가? 바로 자의식이다. 학문적 대상의 경우에도 학제성과 교수의 지위에 대한 자의식이 불안감의 원천일 것이다. 나는 이러한 자의식 상태의 계보를 이 장에서 자세하게 묘사해왔다. 이러한 상태는 스스로 끊임없이 재생되고 있는 듯하다. 이러한 교육기관의 과정에서 벗어날 길은 없다. 그리고 이는 학계가 다음과 같은 질문을 하도록 이끈다. 나는 사심 없는 개인 탐구자인가 아니면 지식 기계 안의 톱니바퀴인가? 좀 더 실존적으로 살아 있는 문화와 나의 관계는 창조자의 것인가 포장업자의 것인가? 이러한 질문들이 일으키는 불안감을 무시할 수 있는 유일한 방법은 이러한 질문을 그냥 지나치는 것이다. 이러한 질문들은 사람을 분리될 수 없는 정체성 가운데 선택하기를 강요하기 때문에 절대 좋은 질문은 아니다. 사실 예술 작품은 심미적 대상인 동시에 상품이다. 그래야 한다고 믿도록 사회화돼 있지 않은 이상 이는 모순이 아니다.

교수들은 학자나 지식인이 되는 것과 사회화 시스템의 일부가 되는 것 사이에는 반드시 모순이 있다고 믿도록 훈련받았다. 심지어 자신들이 지위와 이익을 위해 다른 사람과 경쟁할 때조차도 직장이 시장처럼 운영되지 않는다는 신념을 갖도록 조건화됐다. 무엇보다 교수들은 자신이 성취하기 위해 그토록 열심히 노력했던 지위에 양면적 태도를 보인다.

간학제성으로 인한 두려움은 학문적 전문성이 처음 입회한 이들에게 수여하는 특권적 지위, 학문 노동자와 그보다 더 큰 문화 사이에 놓인 장벽 때문에 생긴 사회적 탈권력화라는 이상한 처지와 관련된 잘못된 걱정이다. 그것은 학과에 대한 형식주의와 방법론적인 맹목적 숭배와 관련된 걱정이며, 맹목적 주관주의나 절충주의로 미끄러져 들어오는 위험과 관련된 두려움이다. 또한 혁신적 방식의 교육기관의 새 의회 선출과 새로운 것에 대한 교육기관의 무관심이나 적대심과 관련한 두려움이다. 교수들은 사심 없는 미사여구에 회의적인 동시에 옹호적 주장을 경멸하기도 한다.[28]

존재론적으로 보았을 때(여기서 나는 매우 주관적으로 이야기하고 있지만 두려움은 주관적이고 **무서움**은 객관적이다), 간학제성에 대한 두려움은 좌절감의 표현이라고 생각한다. 나와 같은 세대의 학자들이 성장기를 보낸 1960년대에서 1970년대는 예술과 사상이 그 당시 일반적으로 받아들여지던 사상과 방법을 완전히 벗어난 듯 보이는 변화를 겪던 시기였다. 우리 중 많은 이가 그러한 점을 즉석에서 예를 들어 설명하고 싶었을 것이다. 이는 약간의 벽을 허물고 새로운 방향으로 독립해나가기 위한 대학 안에서 행해지는 수행적 교육과 탐구 방식이라 할 수 있다. 사실 우리는 부분적으로 그것을 이론화함으로써 우리의 학문적 사회화가 끼친 영향을 떨쳐버릴 수 있을 것으로 믿었다. 물론 이론화는 성공적이었다(나는 단지 그것을 여기서 반복했을 뿐이다). 그러나 그 영향을 떨쳐버리고자 했던 것은 우리가 생각했던 대로 잘 이루어지지 않았다. 물론 우리 세대의 교수들은 이제 우리 영역에서 이미 안정된 자리를 잡은 경우다. 그런 우리가 대학 밖 세상의 현실을 직시하며 시장의 권력과 타율성과 싸워야 하는 문화의 기여자들을 조금 부러워할 수 있을까? 그럴 수 있을 것이다. 우리는 주위에서 창조되고 있으며 살아 숨 쉬는 사회에 기여하기를 원하고, 우리를 보호하기 위해 한때 바랐을 수는 있겠지만 이제 학교라는 갑옷에 조금 싫증이 나기 시작했다.

대개 우리는 실제 싸우는 중이라고 생각하기 원한다. 외부인이 부추겨서 다른 이들과 우리 학교와 싸우는 것이 아니라 대부분의 인간이 살고 있는 사회를 만들고 재형성하는 그 힘과 싸우기를 원한다. 우리는 불협화음, 대립되는 이해관계로 발생하는 투쟁, 혁신과 실험에 내재한 위험 요소를 기존 틀 속에 가져가길 원한다. 하지만 우리는 이 틀이 이들을 수용하기를 거절한다는 사실에 분개한다. 사실 이 틀은 완전히 다른 지적 게임을 염두에 두고 만들어졌다. 정치와 상업적 이익이라는 괴수로부터 교수들과 그들의 소중한 사회화 기능을 보호하기 위해 만들어진 것이다. 그러나 이러한 괴수들은 저 밖에 있다. 이들은 이 싸움을 더욱 실감 나게 한다. "You tell me it's the institution(그것은 제도라고 당신은 말했지요)"(비틀스의 곡 〈Revolution〉의 한 구절―옮긴이)이라는 노래 가사처럼 물론 모든 문제가 이 틀 속에 있지는 않을 것이다. 학교는 혁신, 관습에 대한 도전 및 창조성과 본질적으로 친하지 않다. 그러나 또한 적도 아니다. 간학제성은 단지 개인적 두려움과 희망의 행정적 이름일 뿐이다.

우리시대의이슈 | 인문학 서바이벌

 | 왜 교수들은 모두 똑같이 생각하는가?
Why DO Professors All Think Alike?

1

교수들의 정치적 견해는 19세기 말부터 고등교육에서 이슈가 돼왔다. 당연한 일이다. 교수들은 사회적 권위를 누리고 사실상 많은 영역에서 지식 생산 사업을 독점하고 있다. 또한 지성인을 개발하는 일에 친밀하고 자유롭게 접근할 수 있다. 그래서 이들의 정치적 견해는 중요하다. 동시에 이러한 정치적 견해를 교수들의 직업적 정체성에서 분리하는 것이 근대 대학의 관행이었다. 교수들의 견해는 실적을 평가하기 위한 '범주에 해당하지 않는' 것으로 보고 교육과 학문의 대상과는 무관하다고 간주된다. 그래서 화학과 교수가 화학 수업에서 반전 연설이나 호전好戰 연설을 하는 것을 인정하지 않는다. 그러한 발언은 교수가 정도를 넘어서 자신의 정치적 견해와 직업을 혼동한 것으로 생각하기 때문에 제지하려고 할 수도 있다. 그러나 교수가 이러한 연설을 교실 밖이나 길에서 할 때는 문제 삼지 않는다.

교수들은 1915년 미국 대학교수협회가 설립됐을 때부터 무언으로 진행된 거래의 일부인 이러한 방화벽으로부터 보호받고 있다.[1] 미국 대학교수협회는 교수들이 표명한 정치적 견해가 대학 이사나 행정가들을 불쾌하게 해서 해고됐던 여러 악명 높은 사건 이후에 학문적 자유 원칙을 분명히 하고 보호하기 위해 창설됐다. 학문적 자유에 대한 원칙은 교수들에게 자신이 얻은 결론이 다른 사람들을 불쾌하게 했을 때 경력에 타격이 될 수도 있다는 두려움 없이 자유로운 탐구 활동을 추구할 수 있도록 보장하기 위해 수립됐다. 사실 이는 사회와 맺은 일종의 약속이다. 교수들이 자신들의 학문적 결과물이 지닌 정치적 함의와 그들의 개인적인 정치 견해에 대한 제제로부터 자유로울 수 있어야만 가치 있는 학문 탐구 결과물이 나올 수 있다고 여기기 때문이다. 그러나 한편 학문적 자유 원칙을 내세우는 또 다른 이유는 그것이 본질적으로 가치 중립적 사업으로서의 학문적 탐구에 대한 정의를 내리는 데 도움이 되기 때문이다. 교수들의 정치와 종교적 견해를 보호하는 것은 그것이 연구나 교육과 무관함을 강조하는 것이다. 근대 대학은 이데올로기가 아니라 지식을 추구했다. 가치가 아니라 사실을 추구했다. 이를 구분하고 감시하는 것이 끝없는 작업이 되리라는 사실을 미리 알았어야 했다.

 아서 러브조이Arthur Lovejoy와 함께 미국 대학교수협회를 창설하고 초대 회장이 된 컬럼비아 대학교의 철학자 존 듀이는 적어도 처음에는 그렇게 생각하지 않았다. 미국 대학교수협회의 회장직에 취임한 듀이는 몇 년 안에 교수들의 학문적 자유를 침범하는 것과 관련된 사건이 드물어지리라 예상했다. 여기서 듀이의 평화적 본성을 엿볼 수 있다. 그해 말 듀이는 자신이 지나치게 낙관적이었으며 실수했다는 것을 인정할 수밖에 없었다.² 교수들의 정치적 견해는 보통 고등교육에서는 낮은 수준의 이슈다. 그러나 세기가 바뀌는 시점에 불거지는 이민 문제에 관한 논의나 제1차 세계대전에 미국이 개입했을 때처럼 대중이 불안을 느끼는 시대에는 높은 수준의 선동적 이슈가 됐다. 교수들의 정치적 견해는 냉전 초기 매카시즘이 활개치고 베트남 전쟁에 반대하는 항의가 일어났을 때, 1980년대 소위 문화 전쟁이라 불리는 시기, 2001년 9·11 테러 뒤에도 다시 이슈가 됐다.

그러나 대부분의 교수에게는 공정하며 제약이 없는 해석에 따르는 학문적 자유의 이론에 지지를 보내거나 그렇게 할 수 있는 권리가 있다. 교수들은 본질적으로 논쟁을 좋아하고 자기 자신을 통제하는 데 서투르지만 다른 사람이 이들을 통제할 수는 없다. 경험을 통해 알 수 있는 사실은 종신 교수들에게 명령하거나 여론이라는 압력을 넣는 것은 절대로 성공할 수 없다는 것이다. 행정가들은 학교를 떠날 수 있지만 종신 교수들은 영원히 남아 있기 때문이다. 그러나 원칙의 중요성은 그것을 초월한다. 학문적 자유는 단지 좋은 직업적 특전에 그치지 않는다. 그것은 고등교육이라는 대규모 사업에 들어가기 위한 철학적 열쇠다.³ 학문적 자유는 성인 남성의 소년과의 사랑을 권장하거나 테러리즘을 용납하는 취지의 글을 쓰는 교수들과 같이 특이한 경우에만 해당하지는 않는다.⁴ 예를 들면 쿼터백 포지션에 있는 학생의 수학 점수에 미식축구 코치가 영향력을 행사할 수 없듯이 대학의 관행과 관습을 포함하는 것이다. 이는 교수들에게 한정된 경계 안에서 자율성이 보장된 일터를 제공한다.

학교가 좌익 교수진의 통제를 받고 있다는 우익 교수진의 주장은 이제 한물갔다. 1950년대 이후의 연구는 한 그룹으로서의 교수들이 일반 대중보다 더 진보적이라는 일반의 의혹을 종종 확인했다. 예를 들어 1953년에 미국 대통령 선거에 출마했을 당시 컬럼비아 대학교의 총장이었던 드와이트 아이젠하워Dwight Eisenhower가 비록 11퍼센트의 점수 차로 대통령 선거에서 이기기는 했지만 사회과학 교수들은 58퍼센트 대 30퍼센트로 아이젠하워가 아닌 아들라이 스티븐슨Adlai Stevenson의 손을 들어주었다.5 그러나 스티븐슨은 결코 호찌민이 될 수 없었다. 10년 후의 기준에서 보면 그는 인종과 여성의 권리 같은 문제에 상당히 보수적이었다. 교수가 종신재직권이 있는 급진주의자들의 그룹이라는 개념이 문화 전쟁의 논의에서 우세하게 된 것은 1960년대 대학에서 언론의 자유, 시민권, 징병제와 베트남 전쟁에 대한 시위가 일어난 후였다.6 이러한 습격은 9월 11일 데이비드 호로비츠David Horowitz(그는 한때 종신재직권이 없는 급진주의자였으나 2001년에는 학계의 좌익주의에 반대하는 운동가가 됐다)와 같은 학계 외부 비평가들에 의해 부활했고,7 개략적 견해보다는 사회과학적 견해를 담은 몇몇 연구가 이를 지지하기 위해 이루어졌다.8

2007년, 하버드 대학교와 조지메이슨 대학교에서 일하는 두 사회학자 닐 그로스Neil Gross와 솔론 시먼스Solon Simmons는 교수진의 정치적 견해에 대한 국가 연구를 수행했다. 이 연구는 연구 대학에서 커뮤니티 칼리지에 이르는 그 당시 미국의 모든 교육기관에 종사하는 63만 명의 전임 교수들의 견해에 대한 정확한 통계를 반영하고 있었다.9 그로스와 시먼스는 비록 미국 대학 교육의 47퍼센트를 비전임 강사가 맡고 있다고는 했지만 연구에 비전임 교수는 포함하지 않았다. 비전임 교수의 견해를 평가하는 데는 방법학적으로 많은 어려움이 있기는 했지만 사실 이들의 학문 활동에서의 정치적 견해를 이해하는 것과 관련이 있다. 이 연구는 매우 놀라운 결과를 보여준다.

2

그로스와 시먼스의 주장에 따르면 이들의 연구 결과에서 나타난 유의미한 점은 교수들이 일부 비평가들의 비난처럼 그렇게 급진적이지 않다는 것이다. 미국 교수 중 9.4퍼센트만이 자신을 "매우 진보적"이라고 평가했고(이 중 3퍼센트만이 자신이 마르크스주의자라고 답했다), 13.5퍼센트는 자기 자신을 "진보적 활동가"로 정의했다. 이러한 자기 보고는 일반인이 처한 상황보다 교수들이 처한 상황이 훨씬 높은 수준의 이데올로기적 제약이 있음을 입증한다는 점에서 의미가 있다. 교수가 자신을 진보주의자라고 말했다면 특정 이슈에 대해 일관되게 진보적 견해를 취할 것이다.[10] 사실 전체 인구 중 대부분은 자신을 진보주의나 보수주의자로 밝히는 것이 무엇을 뜻하는지 모른다. 그래서 사람들은 여론 조사에서 자기 자신을 진보적이라고 말해 놓고는 대개 보수적 입장을 취하며 특정 질문에 답한다. 또한 사람들은 시간이 흐른 뒤 같은 질문을 던졌을 때 이전과는 다른 답을 하기도 한다. 그 이유는 간단하다. 대부분의 사람은 이론가가 아니므로 일관된 정치적 신념 체계가 없고 그래서 일관되지 않은 견해를 보인다. 물론 이들의 보고가 아주 정확하다고는 할 수 없다.[11] 그러나 학자들은 대개 이론가이기 때문이 이러한 사회과학적 관점에서 볼 때 그들 중 10퍼센트 이하가 자기 자신을 "급진적인 진보주의자"로 밝혔다면, 그것은 상당히 신뢰할 만한 결과다. 그러므로 전임교수 90퍼센트 이상이 "급진적 진보주의자"가 아니라면 학계가 급진적인 정치 견해를 가진 사람들의 지배를 받고 있다는 주장은 사실이 아니다.

또한 그로스와 시먼스는 일부 가정과는 반대로 상급 교육기관으로 올라갈수록 그곳에 속해 있는 교수들이 좌익적 성향을 보일 가능성은 낮아진다고 주장했으며, 인문과학 대학의 교수들은 박사 학위를 수여하는 교육기관의 교수보다 더 진보적이라고 했다. 같은 대학원 프로그램에서 훈련받고 같은 인재풀에서 고용이 이루어진다는 점에서 인문과학 대학과 연구 대학 교수들의 교육과 사회화는 보통 동일하게 이루어졌다고 할 수 있다. 그런 의미에서 이 결과는 참으로 흥미롭다. 이 결과는 대부분의 결과물이 선별 효과에 의한 것임을 암시하는 영역에서 일부 교육기관의 처치 효과treatment effect의 영향이 있었음을 시사하기 때문이다(이는 뒤에서 논의할 것이다). 그 밖에도 그로스와 시먼스는 오늘날 젊은 교수들은 나이 많은 교수들보다 정치적 견해에 더 중도적 성향을 보인다는 사실을 발견했다. 이는 1960년대에 교수로 들어온 세대가 이데올로기적 정점을 이루었다는 이론을 뒷받침한다. 그러나 이들은 반대로 젊은 교수들이 사회적 견해에서 나이 많은 교수들보다 더욱 진보적이라는 사실을 발견했다. 그로스와 시먼스의 말에 의하면 이 연구의 가장 중요한 결과는 교수 중 다수가 중도 좌파의 정치적 신념을 지니고 있다는 점이었다. 교수 중 대부분은 네이터 식의 소비자 운동가(랠프 네이더Ralph Nader는 미국의 변호사이자 소비자 운동가로서 1960년대 초부터 소비자, 환경운동에 뛰어들었고, 각종 시민운동을 선도했다.-옮긴이)이거나 사회학자가 아니라 주류 진보적 민주주의자로서 이 연구 당시에는 존 케리의 지지자들이었다.

이 연구 결과에서 괄목할 만한 것은 교수들이 주류 진보주의자인 경향이 있다는 사실이 아니다. 바로 그들 중 대다수가 **압도적** 비율로 진보주의자라는 것이다. 다음 자료를 보자.

정치적 성향	퍼센트(%)
극단적 진보주의	9.4
진보주의	34.7
다소 진보적	18.1
중도적	18.0
다소 보수적	10.5
보수적	8.0
매우 보수적	1.2[12]

이는 교수단의 62.2퍼센트가 진보주의자이고 19.7퍼센트만이 보수적이라는 뜻이다. 다소 진보적 항목과 다소 보수적 항목을 중도적 항목에 통합해 3점 척도로 보면 44.1퍼센트는 진보적이고 9.2퍼센트는 보수적이라는 결론을 얻을 수 있다. 그와 대조적으로 이 연구가 수행됐을 때와 가장 근접한 시기에 진행된 여론 조사에서는 전체 미

국인 중 23.3퍼센트가 자신을 진보적이라고 했고 31.9퍼센트가 보수적이라고 답했다.13

고등교육 기관의 수준에 따라 정치적 견해의 분배에 대한 차이가 있지만, 인문과학 학부 전반에서 놀라울 정도로 일관된 분포를 관찰할 수 있다. 그로스와 시먼스는 자신들의 연구에 전문대학원 교수들은 포함하지 않았다.

분야	진보적(%)	중도적(%)	보수적(%)
자연과학	45.2	47.0	7.8
사회과학	58.2	36.9	4.9
인문학	52.5	44.3	3.6

보건, 경영, 컴퓨터과학, 공학과 같은 인문과학 분야 이외의 분야에서는 더 많은 교수가 자신을 진보나 보수보다는 중도적 성향으로 밝힘으로써 전보주의자와 보수주의자는 거의 같은 분포를 보였다. 하지만 이들 대부분은 민주당원 쪽으로 기울어져 있었다. 오직 교수 중 13.7퍼센트만이 자신을 공화당원으로 표시했다. 일반 대중은 2006년 34.3퍼센트가 자신을 민주당으로, 30.4퍼센트가 공화당으로 표시했다.14 2004년 대통령 선거에서 공화당인 조지 부시는 50.7퍼센트의 표를 얻고 민주당인 존 케리는 48.2퍼센트의 표를 얻었다. 하지만 교수들의 77.6퍼센트는 케리에게 투표했고 20.4퍼센트는 부시

에게 투표했다.

　이 통계는 예를 들어 모든 대학 기관의 자연과학자들처럼 큰 표본 집단의 견해를 반영한다. 이 데이터를 좀 더 미세하게 쪼개보면 훨씬 더 극단적인 치우침을 발견할 수 있다. 예를 들면 영문학 교수의 51퍼센트가 민주당원이고, 2퍼센트가 공화당원이다. 사회학자 중에는 단지 5.5퍼센트만이, 정치과학자 중에는 6.3퍼센트만이 공화당원이다. 또한 상급 기관에서는 모든 분야의 교수 가운데 9.5퍼센트가 공화당원이었고, 60퍼센트 이상이 민주당원이었다. 2004년 교수들의 투표 패턴을 통계학적으로 분석해보면 매우 놀라운 결과를 발견할 수 있다. 상급 대학에서 95퍼센트의 사회과학 교수들은 케리에게 투표했고 나머지는 그 외의 후보들에게 투표했다. 부시가 받은 표는 통계적으로 0퍼센트였다. 또한 상급 교육기관의 인문학 교수 중 95퍼센트 이상이 케리에게 표를 주었고, 부시는 0퍼센트였다.

　다른 집단보다 학자들이 의미심장할 정도로 훨씬 진보적인 이유에 대해서는 많은 해석이 있다. 우선 진보적인 사회 및 정치 견해와 교육은 깊은 상관관계가 있다. 교수들은 현재 상황에 대해 문제를 제기하도록 훈련받기 때문에 보수주의가 변화에 대한 저항을 뜻하는 한 교수들이 보수적 성향을 띨 가능성은 적다. 물론 이러한 설명이 일관성이 있으려면 진보주의가 현재 상황을 가리키는 경우 많은 교수가 자신을 진보주의자가 아니라고 해야 할 것이다. 또한 우익 성향의 지성인들보다 좌익 성향의 지성인들을 위한 피난처가 되는 기관은 아마도 더 적을 것이다. 그래서 진보주의자들은 대학에 모이고 보수주의자들은 재단에 모이거나 부시 행정부 시대에는 워싱턴 같은 다른 곳에 모이게 되는 것이다.

또한 보수적 견해를 띤 사람들은 진보적 견해를 가진 사람들보다 영리를 추구하는 분야에 더 잘 어울려서 이러한 직업을 찾는 것이 일반적인 경우인 듯하다. 정치학자 두 명이 수행한 한 연구에 따르면 보수적 견해를 가진 젊은이들은 진보적 성향의 젊은이들보다 돈을 버는 것이나 가족을 갖는 것을 더 중요하게 생각하기 때문에 학계가 아닌 다른 곳에서 직업을 얻을 가능성이 더 크다고 한다.[15] 그리고 그로스와 시먼스가 지적하듯 젊은 교수 집단이 베이비 붐 세대보다 정치적으로 훨씬 더 중도적이라는 그럴듯한 인구 통계적 해석들이 있다. 베이비 붐 세대가 교육 시스템에서 점차 사라지면서 이러한 좌익 성향의 쏠림은 계속해서 중도적 성향으로 향해가는 중이다. 그러나 이는 정치적 스펙트럼에서 극좌주의자들의 수가 줄어들 것이기 때문에 교수진이 현재보다 이데올로기적으로 덜 다양해지리라는 사실을 뜻한다. 급진주의자들은 죽거나 은퇴하고 의견은 평균치로 퇴보할 것이다. 중도 급진적 민주당원의 이데올로기라고 할 수 있다.

아마도 더욱 긴급한 문제는 급진적 견해를 갖는 것이 학술적 직업에서 승진하는 데 무언의 요구 조건인가 하는 점이다. 이 문제는 많은 측면에서 살펴볼 필요가 있다. 하나는 계급이 교수들 간의 정치 및 사회적 견해에 영향을 미치는 방식과 관련돼 있다. 그로스와 시먼스는 "예비 회귀 분석에 따르면 이는 엘리트 연구 기관에서 자신들의 수적 열세를 만회하기 위해 부단히 노력하고 있을지도 모를 보수 성향의 공화당원 교수들이 평균 이하의 교육적 성과를 보이며 낮은 출신 계급이라는 것을 시사한다"라고 했다. 달리 말하면 학문 세계로 진입한 보수주의자는 진보주의자보다 더 낮은 교육적 서열 단계에서 시작할 가능성이 크기 때문에 엘리트 등급에 오르기까지 더 힘든 시간을 보낼 가능성이 크다는 것이다. 사회경제학적으로 낮은 지위에서 시작한다는 이 같은 요인이 백인과 비백인 교수에게도 유사하게 작용하는지도 궁금하다.

또 다른 하나는 한때 교수의 정치적 견해는 그의 연구와 무관하다는 주장을 가능하게 했던 미국 고등교육 시스템에서 과학적 중립성에 대한 기준, 즉 사심 없음에 대한 집착이 줄어들었다는 것을 들 수 있다. 그로스와 시먼스의 연구에 응답한 사람 가운데 70.9퍼센트의 교수는 정치나 종교적 신념에 따라 연구하는 것에 대해 긍정적으로 답했고, 오직 진보 성향의 교수 중 5.1퍼센트가 자기 자신을 "중립성의 열렬한 지지자"라고 묘사했다. 이러한 데이터는 대학이 보수적 견해를 가진 사람을 차별한다고 주장하는 사람에게 유용한 데이터가 될 수도 있다. 물론 이 데이터가 분명한 차별이 있었음을 **증명**하지는 않지만 30년 또는 40년 전보다 성과를 평가하는 데 정치적 견해를 따져보는 것에 대한 혐오감이 줄어들었다는 풍조를 암시한다. 만약 그렇다면 이는 그 전문 직업의 주류에서 벗어난 견해를 가진 사람들의 경력에 영향을 미칠 수도 있다.

그러나 이 연구의 중요한 교훈은 교수들의 정치적 견해가 급진적이라는 데 있지 않다. 중요한 것은 교수들의 정치적 견해가 같다는 점이다. 이것은 처치 효과에 의한 것인가? 교수들은 급진적인 의견을 갖도록 훈련받는 것인가? 또는 선택한 것인가? 훈련에 들어갔을 때부터 이미 급진적이었기 때문에 교수가 될 수 있었던 것인가? 그 직업에 들어가기 위해 지원자들이 표명해야 하는 정치와 사회 사안에 대한 의견뿐 아니라 지적, 교육적 그리고 대학만의 예절에 대한 견해를 포함하는 규칙이 존재하는가? 학문 시스템이 기능하는 방식, 실적 평가에 대한 기준, 개인적인 행동 방식과 외모조차도 교수라는 전문 직업이 선택하는 것인가? 한 직업에 들어가는 장벽이 높을수록 확실하게 규정된 입학 요건뿐만 아니라 지원자들이 반드시 통달해야 할 더 많은 암시적 입학 요건들이 존재할 가능성이 크다. 그리고 대학교수라는 직업은 문턱이 상당히 높다. 사실 그 문턱의 높이는 교수들의 정치적 견해에 관한 이 같은 연구에서 우리가 관찰할 수 있는 많은 것에 대한 설명이 될 수 있다.

3

박사 학위 조건과 미래에 대한 국가 차원의 담화가 수십 년간 진행돼오고 있다. 이 담화에는 다음 두 가지 주요 연구가 큰 도움을 주었다. 워싱턴 대학교의 연구자들이 수행한 〈박사 학위 다시 보기 Re-enivisioning the PhD〉와 버클리 대학교에서 수행된 〈박사 학위-10년 후 PhDs-Ten Years Later〉가 그것이다.16 두 연구 모두 연구자들이 생각하기에 박사 교육 분야 중 개혁이 필요하다고 생각한 동일한 영역을 대상으로 연구했다. 이 영역은 바로 간학제성과 실습 및 학위를 받는 시간이다.

이 두 연구는 대학원 교육에 대한 자료 수집이 악명 높을 정도로 어렵다는 점에서 그만큼 의미 있는 자료다. 최근까지도 학과는 학과

대학원생의 졸업 이후의 진로에 큰 관심이 없었다. 학과는 얼마나 많은 학생이 들어오고 졸업하는지 알고 있었지만 중간 과정을 알 수 없었다. 학생들이 프로그램을 통해 얼마만큼의 진척을 보이는지 파악하지 못했다. 이것은 어떤 면에서는 역사적으로 미국 대학원 교육 문화의 한 측면인 점잖은 무시라는 패턴을 따랐기 때문이고, 어떤 면에서는 4년 만에 학업을 마치는 학생과 같은 프로그램을 12년 만에 마치는 학생이 있을 때 이러한 과정을 수량화할 의미 있는 방법이 없기 때문이다. 예를 들어 교수는 기억이 가물가물한 얼굴을 복도에서 마주쳤을 때 불쑥 "아직도 여기 있었어?"라는 말이 튀어나온다. "네, 저 아직 여기 있어요." 보통은 이런 대답이 나올 것이다. "그리고 교수님 때문에 불완전incomplete 이수 학점을 해결하려고 노력하고 있어요." 또한 전통적으로 졸업한 학생들이 어떤 직업을 갖게 되는지 확실한 정보가 없었다. 대학원 프로그램은 오늘날 직업 소개에 대한 보고서를 작성하도록 요구받고 있다. 이러한 보고서들은 우리가 납득할 만한 이유로 다소 이상스러울 만큼 과열 양상을 보이기도 한다. 취직을 한 대학원생은 그가 어디서 일하게 됐는지 상관없이 대학이 성공적으로 직업 알선 임무를 완수해준 학생이므로 그 순간 학과의 관심이 늦춰진다. 그래서 학생들이 처음 취업을 알선받은 뒤 무슨 일이 일어났는지 대개 소문이나 스스로 학과에 보고하지 않으면 알 수 없다.17

영문학은 박사 학위에 대한 두 연구에서 연구 대상이었던 분야 가운데 하나다. 그 이유 중 하나는 고용 관행이 영문학 전공자들을 위한 강좌 이상의 중요한 의미를 가지고 있는 큰 분야이기 때문이다.

이 두 연구가 시사하는 바를 영문학 박사 교육을 만화 주인공으로 빗대어 표현하자면, 30여 년 전 절벽을 휭 하고 지나 무시무시한 폭포로 가서 아래로 떨어지는 길에 나뭇가지 하나를 붙잡고 지금까지 매달려 있는 상황으로 표현할 수 있을 것이다. 상황이 매우 빠르게 아래로 치닫더니 결국 그 상황 그대로 고착돼버린 것이다. 통계학적으로 봤을 때 영문학과의 상태는 25여 년 동안 상당히 안정적이었다. 단지 다른 상황 속에서 완전히 비효율적이고 참기 어려운 과정으로 보였을 상태가 영문학 분야에서는 정상적인 상황으로 정착한 것이다. 그 결과 이 직업은 수요와 공급의 심각한 불균형에 이제는 적응하게 됐다.

박사 교육에서는 흔한 일이지만 영문학과의 모든 박사 과정 학생들의 절반이 학위를 받기 전에 그만두고 나머지 절반 정도만이 대학원에 진학했을 당시 갖고 싶었던 직업인 종신직 교수가 될 수 있다.[18] 나뭇가지를 붙잡고 매달려 있는 30년 이상의 시간 동안, 일종의 보호막이 이 과정에서 생겨났다. 그것은 바로 외부 제약이 내면화되는 '리얼리즘'의 문화다. 박사 교육을 문제로 만드는 바로 이러한 상태가 영문학 교육의 일부가 돼버리는 것이다. 학생들은 대학원에 지원하는 처음 그 순간부터 사실상 복권 추첨에 응하는 것이라는 소리를 듣는다. 이것은 교수라는 직업의 자아상에 영향을 미칠 수밖에 없다.

영문학이 현재 상태로 간신히 절벽에 매달아놓은 돌쩌귀는 1970년 어딘가에서 찾아볼 수 있다. 이 시기는 박사 학위의 속성에 변화가 생긴 때였다. 이 변화는 두 가지가 공교롭게 겹쳐서 발생하는 바람에 초래된 결과로, 상승 곡선이 하향 곡선을 만났을 때 한 경향이 다른 반대 경향과 교차하는 역사적 맞물림 효과 중 하나다. 이것은 학문 활동 직업화의 증가, 즉 교수들이 자신이 적을 두고 있는 학교가 아니라 학과에 더 큰 동질감을 느끼는 사람들의 집단으로 바뀌는 것과 관련이 있다. 이는 박사 학위자에 대한 두 가지 모순적 결과를 가져오는데, 바로 동시에 박사 학위의 가치를 높이고 낮춘다는 것이다. 교육기관이 연구를 교육과 봉사보다 중시하기 시작했을 때 기말 과제일 뿐이었던 논문은 학술 논문의 초고로 바뀌면서 가치가 높아졌다. 그리고 이전보다 논문을 쓰는 것은 더 어려워졌다. 더 많은 것이 논문의 성공에 달려 있고 궁극적으로 출판될 만한 작품을 생산해야 한다는 압력이 증가해 결과적으로 학위를 받는 데 걸리는 시간이 늘었기 때문이다. 이는 교수 입장에서 본 변화였다. 교수라는 직업의 선택성은 더욱 향상됐다.

그러나 교육기관의 입장에서 볼 때, 이러한 변화는 반대 결과를 초래했다. 학교는 연구의 탁월함을 높이고자 교육기관의 프로필에 박사 프로그램을 추가하기 시작한 것이다. 1945년에서 1975년에 미국 학부생 숫자는 500퍼센트 증가했지만 대학원생의 숫자는 거의 900퍼센트 증가했다.[19] 박사 학위를 얻기는 더 어려워졌지만 시장에는 박사 학위자들이 넘치기 시작해 가치가 떨어졌다.

이러한 현상은 급속하게 발전하던 미국 고등교육이 갑자기 정체되고 거대한 종신직 교수들과 박사 학위를 양산해내는 무수히 많은 박사 학위 프로그램만 남은 1970년에 나타났다. 또한 1970년은 인문과학 분야를 전공하는 학생 비율이 많이 감소했던 시기로 그중에서도 인문학을 전공하는 대학원생의 수가 상당 비율 감소했다.

1970~1971년에 영문학과는 6만 4,342개의 학사 학위를 수여했다. 이는 경영학과 같이 비인문학 분야에 수여된 학위를 포함한 전체 학사 학위의 7.6퍼센트에 해당한다.[20] 영문학보다 더 많은 학위를 수여한 인문과학 분야는 역사와 사회과학 분야밖에 없는데, 여기에는 여러 학과가 포함돼 있다. 30년 후, 2000~2001년에 모든 분야에서 수여된 학사 학위 수는 1970~1971년보다 50퍼센트 더 높았으며, 영문학 학위의 수는 6만 4,342명에서 5만 1,419명으로 7.6퍼센트에서 약 4퍼센트로 떨어졌다. 이는 절대적 수치와 전체 학사 학위 비율에서 모두 감소한 숫자다.

영문학을 전공하는 학생 수는 더 줄었다. 이것은 영문학 전문가에 대한 수요가 줄었다는 뜻이다. 전공자 수가 줄어들었다는 것은, 가령 학과에서 전공자가 들어야 할 필수과목으로 18세기 문학 과정을 정해도 18세기 전문가들에 대한 수요가 사실상 줄었다는 의미다. 그러나 영문학 수업에 할당된 평균 이수 단위 시간은 지난 20년 동안 줄었지만 학생들이 할애하는 이수 시간에서 봤을 때 1위를 차지한 과목은 여전히 비슷한 수준을 유지했다. 바로 영어 작문이다. 누가 그것을 가르치는가? 영문학 박사들은 아니다. 대개 이 과목을 담당하는 이들은 ABDAll But Dissertation, 논문 통과만 기다리는 대학원 박사 과정 수료자들이다. 어떻게 보면 이 시스템은 이제 ABD를 생산하기 위해 자리 잡았다고 할 수 있다.

대부분의 인문과학 분야에서 똑같은 경향을 발견할 수 있다. 1971년에는 2만 4,801명이 수학과 통계학에서 학사 학위를 받았는데, 이는 전체 학사 학위의 3퍼센트를 차지하는 수치다. 2001년에는 이 분아에서 1만 1,171명에게 학사 학위가 수여됐는데 전체의 1퍼센트도 안 되는 수치다.[21] 이는 학생들이 수학을 배우지 않는다는 것이 아니라 전문화된 수학 강좌를 필요로 하는 학생이 줄었다는 뜻이다. 수요는 점차 줄고 있는데도 대학원생은 여전히 전문화된 강좌를 가르치기 위한 훈련을 받기 위해 시간을 할애하고 있다. 사회과학과 역사학과에서 수여하는 학사 학위도 비슷한 감소율을 보였다. 오직 두 개의 인문과학 분야에서만 증가세를 보이는 것을 나타났는데, 바로 심리학과 생명과학이다. 결론적으로 미국 고등교육은 확장해왔지만 인문과학 분야는 움츠러드는 추세에 있다.

　버클리 대학교의 연구 〈박사 학위-10년 후〉는 1982년에서 1985년 사이에 여섯 개의 분야에서 박사 학위를 받은 사람 약 6,000명을 대상으로 한 긴 설문지로 이루어져 있다. 이 분야 중 하나는 영문학이었다. 1982년에서 1985년 사이에 영문학에서 박사 학위를 받은 사람들은 평균 10년이라는 시간이 걸렸다. 그중 3분의 1이 11년 이상 걸렸고, 완료 당시의 평균 연령은 34세였다. 1995년까지 10년에서 15년 사이에 예상보다 일찍 박사 학위를 받았던 사람들의 53퍼센트가 종신재직권을 얻었고, 다른 5퍼센트는 정년 트랙tenure-track, 종신 지위를 인정받게 될 교직 신분 교수 자리에 있었다. 이것은 미국 박사 학위자의 약 5분의 2가 사실상 그 직업 밖으로 나갔다는 뜻이다. 이 중 일부는 비정년 트랙교수이고 일부는 교육 행정가였다. 나머지의 대부분은 사업, 정부, NGO 분야에서 일했다. 종신재직권이 있는 사람 가운데 5분의 1 이하만이 훈련받은 연구 대학 같은 곳에서 일자리를 얻었다. 이는 모든 영문학 박사 학위자 중 약 5퍼센트에 해당하는 숫자다. 정년 트랙으로 시작한 박사 학위자들은 종신재직권을 얻는 데 평균 6.1이 걸렸다. 이에 반해 비정년 트랙 출신의 박사 학위자들은 마침내 종신재직권을 얻는 데 평균 8.1년이 걸렸고 성공률은 50퍼센트에 불과했다.

박사 학위자들의 취업률은 계속 변했으며, 1989년에서 1996년 사이에 등락을 거듭해왔다. 1989년에서 1996년 동안 역사학에서 취업률은 11퍼센트 떨어졌고 예술 및 예술사는 26퍼센트, 정치학은 36퍼센트 떨어졌다. 그러나 이 기간 동안 대학은 매년 전보다 더 많은 박사 학위자들을 배출했다.22 미국 학업 생활에서 공급곡선이 수요곡선과의 접점을 완전히 잃어버렸다는 것을 명백히 알 수 있는 사실이다. 이것은 한 세대의 교수들은 아니더라도 한 집단을 잃었다는 뜻이다. 이 시기는 '정치적 올곧음' 때문에 대학이 공격을 받았던 시기와 일치한다. 디네시 디수자Dinesh D'Souza, 로저 킴벌Roger Kimball, 리처드 번스타인Richard Bernstein, 데이비드 리먼David Lehman 같은 학계의 저명한 비평가 중 상당수가 대학원 중퇴자라는 것이 역시 우연이 아니다.23 이들의 구체적 비평과 정치적 견해는 별개의 문제로 하고, 이들은 대학이 이상적 직업으로서 매력을 상실했음이 그 당시 만연한 분위기라는 것을 그대로 드러냈다.

1996년 이후 직업 시장에서의 긍정적 효과를 위해 박사 학위의 규모를 축소하려는 노력이 있었다. 그러나 정작 학위 획득 기간은 개선되지 않았다. 1960년 대학원에 입학해 학위를 획득하기까지 걸리는 시간은 자연과학에서 4.5년, 인문학에서는 약 6년 정도 걸렸다.24 현재 인문학에서 학위를 얻는 데 걸리는 평균 시간은 9년이다. 이것은 학생들이 한 학기 이상 휴학하거나 그만두는 시기를 말하는 휴지 기간은 포함하지 않은 것이다. 또한 이 과정을 끝까지 완료하지 못한 학생들은 포함돼 있지도 않다. 9년이라는 시간도 학사 학위를 받은 시점에서부터 9년이 아니라 대학원 과정을 시작한 시간부터 계산한 것이다. 휴지 기간을 포함해 인문학에서 학위를 얻을 때 소요되는 평균 시간은 11.3년이다. 사회과학에서는 10년 또는 대학원에 등록한 이후부터 7~8년이라는 시간이 걸린다. 자연과학에서 대학원에 등록해 학위를 받기까지 걸리는 시간은 7년 이하다.[25]

이 모든 숫자를 통합해보면 다음 공식을 얻을 수 있다. 영문학에서 박사 프로그램에 들어간 사람 중 절반만이 이를 마치고, 그중 절반만이 종신 교수직을 얻고, 그들 중 대다수는 연구 대학이 아닌 다른 교육기관에서 일하게 된다. 대학 졸업에서 종신재직권을 얻기까지 총 소요되는 시간은 대략 15년에서 20년 정도일 것이다. 참으로 긴 수습 기간이다.

비록 사회과학이나 자연과학이 이전보다 학위 획득 시간이 더 길어지긴 했어도 이러한 분야보다 인문학에서 학사 학위를 얻는 데 더 많은 시간이 걸리는 것은 일반적으로 인문학 논문이 광범위한 기록과 현장 또는 실험실 작업을 요하지 않는다는 점에서 이례적으로 보인다. 윌리엄 보웬William Bowen, 닐 루덴스타인Neil Rudenstine은 기념비적 연구 〈박사 학위 추구 In Pursuit of the PhD〉에서 이에 대한 원인 중 하나는 인문학에서 학문적 패러다임이 덜 명료해졌기 때문이라고 주장한다.[26] 사람들은 인문학이 어떠한 연구를 수행하는지 잘 모른다. 그래서 대학원생은 고전 텍스트에 대한 참신한 이론적 전환을 제시하거나 특이한 문맥적 해석을 떠올리려고 과도한 시간을 보낸다. 인문학에서 탐구는 논쟁을 추구하기보다는 절충적 태도를 취해왔다. 그래서 처음 입문한 학자들에게 큰 도전은 자신들이 이름을 떨칠 분야가 어느 곳인지 파악하는 것이다.

영문학 박사 학위의 통계를 편찬한 버클리 대학교 연구자들의 결론은 "그다지 나쁘지 않군!"이었다. 이에 대해 그들이 제시한 이유는 학위 획득 시간과 취업률 문제가 제기됐을 때 종종 들을 수 있는 말이다. 바로 박사 학위를 받은 대부분의 사람은 결국 교직에 서든지 아니든지 상관없이 높은 직업 만족도를 보고한다는 것이다. 직업 만족도는 비학문 관련 직업을 가진 박사 학위자들에게서 더 높게 나타나는데 이는 주말 부부라는 배우자 문제 때문이기도 하다. 학계 이외의 분야에서는 주말 부부인 경우가 흔치 않아서다. 그리고 대다수는 비록 자신들이 받았던 교육의 질에 대해서는 많은 불만이 있기는 하지만 대학원에서 보낸 시간을 후회하지 않는다고 말한다. 어떻게 보면 학생들은 계속해서 박사 학위라는 호텔에 체크인하고 지독하게 체크아웃하지 않으려는 듯 보인다. 학생들은 대학에 머무는 것을 좋아하고 저렴한 교육에 대한 많은 수요가 있기 때문에 대학 입장에서도 이들이 대학에 머물면 반가운 일이다. 양측 모두에게 좋은 일인 듯하다. 무엇이 문제인가?[27]

학위를 더욱 실용적으로 만들고자 박사 과정을 학술 분야뿐 아니라 비학문직에 종사하는 사람들에게도 자격을 주는 학위로 재창조하려는 노력을 시도한 것은 로버트 바이스부흐Robert Weisbuch가 이끌던 때의 우드로윌슨 재단의 계획이었다.[28] 이러한 노력은 인도주의를 실행하는 훌륭한 방법이다. 하지만 연구나 비판적 기술, 혹은 커뮤니

케이션에 대한 기술을 발전시킨다는 명목으로 전문화된 학문 영역을 통달하는 데 10년 이상의 시간을 헌신하라고 사람들에게 요구하는 것은 상당히 비효율적이다. 대학교수들은 실용성과는 거리가 아주 먼 사람들이고, 실용적 기술을 가르치도록 훈련받은 적도 없다. 그들은 단지 자신들이 하는 것을 하도록 가르치고 자신들이 아는 것을 가르치도록 훈련받았을 뿐이다. 기술과 지식이 양도될 수 없다는 것은 분명한 사실이다.《피네간의 경야Finnegans Wake》를 분석하는 능력이 주식 정보를 분석하는 능력이라는 뜻은 아니다. 만약 주식 공모를 분석하고 싶다면 제임스 조이스James Joyce의 작품을 연구하는 데 시간을 허비하지 말고 경영대학원에 가거나 주식 공모를 분석하는 직업을 가져야 할 것이다.29

4

인문과학 박사 학위자들에게 불리해진 직업 시장과 함께 증가된 학위 획득 시간은 이 직업을 이데올로기적 틀 속에 쥐어짜 넣은 데 책임이 있다. 변호사가 되기까지는 3년이 걸린다. 의사가 되기까지는 4년 걸린다. 그러나 먹고살기 위해 대학생들에게 시를 가르칠 자격을 가지려면 6년에서 9년, 어떨 때는 그 이상의 시간이 소요된다. 학생들의 진전에 대한 감독을 강화하는 것이 어느 정도는 학위 획득 시간을 감소시켰을 수도 있다. 하지만 필수 이수제가 남아 있고 대다수 학과의 학생들이 종합시험, 현장 또는 구술시험 및 전문 논문 분량의 대학 학위 논문을 감당해야 하는 한, 이 정도의 감소가 얼마나 유의미한 결과를 가져올지는 쉽게 알 수 없다. 분명한 점은 대학원에서 8~9년을 보내는 학생들이 자신들이 얻을 직업에 비해 지나치게 훈련돼 있다는 것이다. 학부생들을 가르칠 자격을 얻기 위해 훈련이 필요하다는 주장은 이들이 이미 이러한 훈련을 끝내기도 전에 대학생들을 지도하고 있다는 사실에 의해 거짓임이 드러났다. 대학원생들을 교육하는 일은 박사 과정 교육의 한 부분이다. 많은 학교에서 대학원생들은 입학한 그해에 수업을 맡는다. 박사 논문이 엄격한 요구 조건으로 기능한다는 생각은 박사 논문 대부분의 수준을 보면 거짓말임을 알 수 있다. 만약 모든 대학원생이 논문 대신에 동료 검토를 거친 기사를 발표하도록 했다면 아마도 학문에 큰 보탬이 됐을 것이다.

  학위 획득 기간을 급진적으로 줄이라는 대학에 대한 압력은 인도주의에 따른 행동이다. 박사 교과과정 기간과 불확실성은 많은 사람의 삶을 왜곡했다. 많은 사람이 이 과정을 들었다 그만두기를 반복한다. 상당수의 학생들이 이 과정을 끝맺지 못하고 몇몇 학생은 고령의 나이에 재정비해야 한다. 좀 더 넓은 관점에서 보면 뛰어난 지성을 가진 사람들과 자원을 그중 반만이 끝마칠 수 있는 프로그램에서 소수만이 얻을 수 있는 직업을 위해 헌신하게 하는 것은 거대한 사회적 낭비다. 안타까운 사실이지만 대학원생이 저렴한 노동력을 학교에 제공함으로써 학교 차원에서는 이익이 되기도 했다. 대학원생에게 강의를 맡겨버리면 강사를 물색하기 위해 소요되는 비용도 아낄 수 있다. 이 시스템이 박사 학위가 아니라 ABD를 생산하는 중이라면 교육기관의 관점에서 볼 때 잘 돌아간다고 할 수 있다. 강좌를 관리하는 것은 주로 ABD들이고 이들은 종종 자신의 강좌를 맡는다. 학생들이 더 오래 대학원에 머물수록 학부 강좌를 위해 충원할 사람이 많아진다. 물론 박사 학위의 과대 생산은 학술 인력 시장에서 구매자 이점을 창출하기도 한다. 이러한 맥락에서 1990년대 중반부터 고등교육에서 대학원생 조합 운동이 시작되기도 했다.30

그러나 교수들이 학위를 얻는 데 소요되는 시간을 우려할 수밖에 없는 이유는 그것이 직업적 장벽과 관련 있기 때문이다. 교수라는 전문 학술적 직업을 얻기까지 많은 장애물이 있다는 것은 이미 잘 알려져 있는 사실이기 때문에 이에 용감하게 대면하는 학생들은 대학원에 지원하기 전에 스스로 알아서 걸러진 학생들이다. 교육에 대해 어느 정도 흥미가 있지만 자신이 교수로서의 직업을 원하는지 확신이 없는 대학생은 그걸 알아내려고 8년 이상의 시간을 투자하려고 하지는 않을 것이다. 그 결과는 이 분야에 들어오는 사람들의 지적 범위와 다양성을 감소시키고 교수들과 학교에 적을 두지 않은 지식들 사이의 철학 및 사고방식상의 격차를 더욱 벌리는 것이다. 대학원에 다니는 학생들은 이미 말은 번지르르하게 잘할 수 있기 때문에 실제로도 행동하기 위한 법을 배운다. 그래서 지적 탐구 분야에서 볼 수 있는 건전한 소동이 비교적 적다. 원기를 유지하기 위해 진보주의는 보수주의를 필요로 하고 정통성은 비정통성이 필요하다.

그리고 이 과정에서 또 다른 장애물인 취직 알선과 종신재직권에 대한 불안감은 인습 타파도 권장하지 않는다. 몇몇 영역의 학술 직업은 자기 자신을 복제할 만큼 번식하지 않는다. 박사 과정 모델에 들어가고 나오기가 더 쉽고 저렴했더라면 학과는 자신들의 패러다임에서 소외된 사람들이 제공하는 더 많은 산소를 공급받을 수 있었을 것이다. 그리고 부분적으로는 어려운 박사 과정 때문에 학생들이 도전하기도 전에 스스로 포기하게 되는 자기 분류에서 생기는 학문 세계 안팎의 격차는 비학문계가 대학 학과, 특히 인문학에서 일어나고 있는 상황에 대해 갖는 적개심을 더욱 증가시킨다. 적대감은 몇몇 학과를 대학생에게 덜 매력적인 존재로 만들고 이러한 순환은 반복된다.

이 숫자들이 하는 이야기의 교훈은 한때 간단해 보였다. 대학 학위 보유자를 위한 직업이 적다면 대학은 지원자 수를 줄여 박사 학위로 진입하기 어렵게 하거나 졸업생 수를 줄여 박사 학위 과정으로 진입하기 어렵게 해 너무 많은 대학 학위 수여를 멈춰야 한다. 그러나 이는 효과가 없었다. 아마도 이 이야기는 다른 교훈을 말하려는 듯하다. 바로 **더 많은** 박사 학위자들이 있어야 하고 박사 학위를 획득하는 것도 더 쉬워야 한다. 만약 사람들이 학문적 사고방식에 노출되고 이를 통해 '해체 이론' 및 '포스트모더니즘'과 같은 용어들이 어떠한 문제를 다루기 위해 생겨났는지 조금이라도 이해한다면 비학술 세계는 더욱 풍부해질 것이다. 그리고 학계가 자신의 목적을 단지 전문직 종사자를 재생산하는 것보다 더욱더 크고 다양한 것으로 생각하고 이러한 학계 현실에서 밀려난 학생들을 포용한다면 학문 세계는 더욱 활기차질 것이다. 인문과학 분야에서 박사 프로그램의 기간이 명확히 정해져 있었더라면, 다시 말해 박사 학위를 얻는 과정이 법률 학위를 얻는 과정처럼 좀 더 체계적으로 갖춰진다면 인문학 분야에서 대학원 교육은 더 주목받고 높은 효율을 얻을 수 있을 것이다. 또한 대학을 마친 뒤 학문 탐구에 깊이 몰입하기를 바라지만 6년 이상의 시간을 보내며 대학 프로그램을 마치고 난 뒤 가능성이 희박한 교수직을 제외하고는 자신들이 무능력함을 깨닫게 되는 상황에 처할까 봐 망설이는 학생들을 유인할 수 있을 것이다.

대학교수들의 의견이 대중의 의견을 진정으로 반영하기란 어려운 일이다. 어떤 경우에도 그것 자체는 무의미한 목표다. 그러나 교수진 내에 다양한 관점을 키우는 것은 가치 있는 일이다. 미국 고등교육이 반대 방향으로 가고 있다는 증거가 있다. 교수라는 직업은 점차 자기선택적으로 변하기 때문에 교수들은 점차 똑같이 생각하는 경향이 있다. 그렇다 보니 대학이 노골적으로 학문적 문제에 순응하도록 요구하는 것은 아니지만 현재의 교육 시스템은 이를 암묵적으로 요구하고 어떻게 하면 순응할지 궁리하고 있다.

Chapter 5 | 결론
Conclusion

이 글에서 역사를 통해 현대 고등교육의 몇 가지 문제점을 조명해 보고자 했다. 이러한 활동으로 얻은 결론이 있다면, 학술 시스템이 깊이 내면화돼 있다는 것이다. 고등교육에서 대부분의 개혁의 핵심은 지식이 생산되는 방식에 있지 않다. 바로 지식의 생산자들이 생산되는 방식에 달려 있다. 미국 고등교육의 규모, 임무, 지지층에 변화가 있었음에도 전문직 종사자의 재생산은 100년 전과 거의 똑같이 유지되고 있다. 쇼핑몰에 말을 타고 가는 것처럼 현대 대학에서 이루어지는 박사 교육에는 시대착오적인 관행이 많이 존재한다. 사람들은 전문화된 연구 분야에서 전문가가 되는 법을 배운다. 이는 학술적 능력 이외에 다른 요인을 선택하는 과정이므로 사회화되는 법을 배운다는 말이 더 정확할 것이다. 자격증을 부여하는 엄청난 비용과 고도의 집중이 필요한 길고 긴 과정을 마치고 나면 그들은 자신들이 훈련받지 못한 일을 하도록 요구받는다. 비전문가들에게 자신의 분야를 가르치거나 학생들이 대학 밖에 나갔을 때 마주칠 수 있는 이슈와 자신이 가르치는 분야를 연결할 것을 요구받는다. 또한 간학제적이 될 것을 요구받고 전문 분야에 대한 글을 일반 독자들을 위해 쓸 것을 요구받는다. 그리고 자신의 분야나 학계에 속하지 않은 이들에게 자신의 직업에 대한 타당함을 납득시킬 것을 요구받는다. 만약 우리가 교수들이 이러한 일들을 더 잘하기를 원한다면, 교수들을 양성할 때 지금과는 다른 교육을 제공해야 한다.

그러나 학문 세계에서 모든 잠재적 개혁이 다 그러하듯 여기에도 심각한 위험이 있다. 지식 생산의 세계는 시장이다. 자신만의 관행, 가치와 법칙이 있는 매우 특별한 시장이다. 지난 50년 동안 고등교육 분야에서 많은 것이 변해왔다. 변하지 않은 것은 대학이 일반 문화에 대해 고수하는 미묘하고 때로는 역설적인 관계뿐이다. 사실 중요한 것은 연구와 교육이 서로 적절하게 연관되고, 대학이 대중문화와 관계를 맺고 실제 사회 문화적 삶을 염두에 두고 연구 패러다임을 설계하는 것이다. 이는 도구주의자와 현재주의자처럼 행동하는 것을 터부시하는 관행 때문에 비록 그렇게 말할 수는 없어도 교수들이 몹시도 바라는 것이다. 교수들이 무언가를 가르치는 이유는 그것이 변화를 이끌어낸다고 믿기 때문이다. 하지만 그러기 위해서는 적어도 몇몇 분야에서의 학문적 탐구가 덜 배타적이고 더욱 전체론적일 필요가 있다. 이것이 지금까지 다룬 논의들을 고등교육이 처리하기 위해 가야 할 길이 될 것이다.

그러나 이 길의 끝에는 대학 문화가 단지 대중문화의 메아리가 될 수도 있다는 위험이 도사리고 있다. 그것은 재앙이 될 것이다. 자유사회에서 학계의 임무는 대중이 묻고 싶어 하지 않는 질문을 던지고,

조사할 수 없거나 조사하지 않을 대상을 조사하고 그것이 실패하거나 수용하기 거부한 목소리를 수용함으로써 대중문화에 봉사하는 것이다. 교수들은 어떠한 종류의 교육과 연구가 필요한지, 그러기 위해서는 자신을 어떻게 하면 더 잘 훈련시키고 조직할 수 있는지를 알기 위해 세상에 눈을 돌려야 한다. 그렇지만 자신의 자아상을 복제하도록 요구하는 세상의 요구는 무시해야 한다.

감사의 말

이 책의 세 개의 장은 2008년 2월 버지니아 대학교에서 열린 페이지 바버Page-Barbour Lectures 강연에서 먼저 소개된 것이다. 버지니아 대학교에 나를 초대해준 훌륭한 주최장인 찰스 매슈스Charles Mathewes, 탈 브루어Tal Brewer, 에런 월Aaron Wall과 강연에 참여해 나에게 도전을 주고 유용한 조언을 해주며 좋은 시간을 선사해주었던 대학 모임 회원들에게 감사를 전한다. 2장은 고故 존 디암스의John D'Arms 배려를 통해 미국 제학회평의회American Council of Learned Societies의 비정기 간행물이라는 다른 형식으로 출판됐으며, 초기 버전은 《뉴욕 리뷰 오브 더 북스The New York Review of Books》에 나와 있다. 페이지 바버 강연은 관례상 버지니아 대학교 출판부에서 출판하게 돼 있음에도 다른 곳에서 출판하도록 동의해준 위원회의 출판부에 감사를 표한다. 감사를 표해야 할 또 다른 곳은 W. W. 노턴 출판사로서, 이 프로젝트에 장기간 관심을 표해주고 편집에 직접 참여해준 로비 해링턴Roby Harrington과 로버트 웨일Robert Weil에게 감사를 전한다. 그리고 이 모든 것을 가능하게 해준 스킵 게이츠Skip Gates에게 감사를 전한다. 또한 내가 뉴욕 공공 도서관의 학자와 작가를 위한 컬먼 센터Cullman Center for Writers and Scholars의 선임연구원으로 일하며 이 책에 대한 작업을 일부 진행했을 때, 이를 위해 센터의 이사장인 진 스트라우스Jean Strouse와 직원들이 특별한 대학 근무 환경을 제공해주었다.

나는 수년 동안 고등교육에 대해 논의하며 이와 관련한 콘퍼런스에 참석해왔기 때문에 함께 의견을 공유하거나 학계의 동료에게 배울 수 있었던 모든 곳을 열거할 수는 없다. 교수들도 다른 사람들처럼 일에 대한 이야기를 나누기를 좋아한다. 나는 수십 개의 학교와 기관을 방문하며 이야기를 나눌 훌륭한 사람들을 만났다. 하지만 고등교육과 그에 대한 문제에 관해 말하고 쓰고 배울 수 있는 특별한 기회를 준 몇몇 사람만 언급하고자 한다. 앨프리드슬론 재단 및 리처드라운스베리 재단의 제시 오수벨Jesse Ausubel, 예일 대학교 휘트니 인문학 센터의 피터 브룩스Peter Brooks, 뉴욕 시립대학교 대학원 센터의 윌리엄 켈리William Kelly, 앤드루멜런 재단의 앨빈 커넌Alvin Kernan, 휘티어 대학의 폴 크젤버그Paul Kjellberg, 《하퍼스Harper's》와 《뉴욕 타임스 매거진New York Times Magazine》의 제럴드 마조러티Jerald Marzorati, 칼리지보드의 로버트 오릴Robert Orrill, 미국 대학교수협회의 린다 레이 프랫Linda Ray Pratt, 근대언어협회의 로버트 숄스Robert Scholes, 옥스퍼드 대학교 뉴칼리지의 데이비드 위긴스David Wiggins와 앨런 라이언Alan Ryan 오랜 기간 동안 대학 생활에 대한 친절한 이야기 상대가 돼주었던 카네기멜런 대학교의 제프리 윌리엄스Jeffrey Williams가 그들이다.

나는 하버드 대학교 학장 로런스 서머스와 예술과학부 학장 윌리엄 커비William Kirby의 지도하에 진행됐던 학부 교과과정 개혁에 참여하기 위해 초청을 받았다. 생각해보면 매우 운이 좋았던 사람이다. 이 사업에 참여하면서 그들과 여러 동료에게 많은 것을 배웠다. 특히 에벌린 해먼스Evelynn Hammonds, 앤드루 놀Andrew Knoll, 찰스 마이어 Charels Maier, 스티븐 핑커Steven Pinker, 마이클 샌델Michael Sandel, 케이 쉘레메이Kay Shelemay, 다이애나 소렌슨Diana Sorensen과 마리아 타타르 Maria Tatar의 우정과 협력에 감사의 말을 전한다. 이 길은 다른 이들이 생각했던 것보다 더 길고 거칠었지만 마침내 개혁을 성취할 수 있었다. 이 게임을 데릭 복, 드루 파우스트Drew Faust, 데이비드 피시안David Fithian, 딕 그로스Dick Gross 제러미 놀스Jeremy Knowles와 끝까지 함께할 수 있어서 행운이었다. 그들은 대학이 실제로 어떻게 움직이는지에 상당히 많은 부분을 가르쳐주었고 내가 이 책을 쓸 수 있게 격려해주었다. 또한 이 책에 수록된 많은 내용은 우리가 함께 경험하며 얻은 정보다. 다른 무엇보다 스테파니 케넨Stephanie Kenen, 스티븐 코슬린 Stephen Kosslyn, 데이비드 리우David Liu, 데이비드 필빔David Pilbeam, 앨리슨 시먼스Alison Simmons와 매리 워터스Mary Waters 이 용감무쌍한 여섯 명의 영혼에게 경의를 표하며 이 책을 바친다.

주

저자의 말

1 이 책의 미국 고등교육에 대한 데이터의 대부분은 미국교육부(http://nces.ed.gov/)의 국가교육통계센터의 *U.S.of Education Statistics*, 미국통계국(U.S. Census Bureau)의 *U.S. Statistical Abstracts*(http://www.census.gov/compendia/statab/) 및 카네기 교육진흥재단(http://www.carnegiefoundation.org/)에서 나온 것이다. 내 자료를 인용했을 경우, 출처는 밝히지만 상세 주소는 보통 데이터가 업데이트되면서 변경되기 때문에 제공하지 않았다.

2 F. M Cornford, *Microcosmographia Academica: Being a Guide for the Young Academic Politician*, 4th ed. (1908; Cambridge: Bowes&Bowes, 1949), p. 15. Gordon Johnson, *University Politics:F.M. Cornford's Cambridege and His Advice to the Young Academic Politician* (Cambridge: Cambridge University Press 1994).

3 Clark Kerr, The Uses of the University(Cambridge, MA: Harvard University Press ,1963), p. 99. 커는 이 책의 확장판으로 4권을 더 출판했고, 마지막 판은 2001년에 출간됐다. 그는 2003년에 사망했다.

4 고등교육에 관한 모든 저작물이 그러하듯이, 나는 종종 '인문과학(liberal arts and sciences)'을 '인문과학(liberal arts)'으로 줄여서 사용하는데, 인문과학 분야는 전문적 또는 직업 교육의 영역보다는 보편적인 지식을 다루는 과목이라 규정할 수 있다(liberal arts and sciences는 우리나라 대학의 인문과학부로 해석할 수 있지만, 미국의 인문과학 분야에는 수학, 자연과학 계열, 인문, 사회 계열이 모두 포함되어 있다는 점에서 차이가 있다.―옮긴이).

5 Elizabeth Renker, *The Origins of American Literature Studies: An Institutional History* (Cambridge: Cambridge University press, 2007), pp.126~143. 렌커는 그녀가 "교육과정의 끝"이라고 부르는 대상에 대한 나의 견해를 애가로 생각하는 듯한데, 이는 잘못 이해한 것이다.

제1장 | 교양교육의 문제점

1 하버드 대학교는 2003년 교양 과정의 개혁을 시작했다. 교수진의 승인을 받은 것은 2007년이었지만 2009년 가을이 돼서야 새로운 시스템을 시작할 수 있었다. 새로운 프로그램을 개발하기로 하고 이를 시행하기까지 이만큼의 시간이 걸린 것은 흔한 일이며, 제안된 개혁안이 실패하는 경우도 허다하다. 사회학자인 대니얼 벨은 1960년대에 야심 찬 교양 과정을 컬럼비아 대학교에서 기획했고, 정치학자 로버트 달이 의장으로 있는 한 위원회는 1970년대에 이를 예일 대학교에서 제안했다. 그러나 둘 중 어느 것도 채택되지 못했다. Daniel Bell, *Reforming General Education: The Columbia College Experience in Its National Setting*(Garden City, NY: Anchor Books,1968), *The Great Core Curriculum Debate: Education at a Mirror of Culture* (New Rochelle, NY: Change Magazine Press, 1979), pp. 79~102 참조. 저자는 하버드 대학교의 새로운 교양 과정을 설계하는 데 참여한 많은 교수 중 하나였다. 우리는 이 과정을 '빅 딕(Big Dig, 보스턴의 유명한 도시 재정비 사업-옮긴이)'에 비교했다.

2 작문 수업과 외국어 과목이 모든 대학생이 수강해야 할 필수과목인 경우가 많다. (한때는 학생들이 졸업하기 전에 수영 시험을 통과해야 하는 것이 일반적이었고, 컬럼비아 대학교에서는 여전히 이를 시행하고 있으며, 몇몇 대학은 체육 과정을 필수 과목으로 하고 있다.) 일반적인 관행은 모든 또는 대부분의 신입생이 작문이나 작문 위주의 과목을 필수로 수강하도록 하되, SAT-II와 같은 시험에서 일정 점수 이상 받으면, 필수 언어 과목 수강을 면제해주는 것이다. 비록 이러한 필수과목들이 엄밀히 따지면 교양교육의 일부이기는 하지만, 이 과목들은 대개 교수 충원을 담당하는 해당 학부에 중요한 위치를 차지하기 때문에 논쟁의 대상이 아니다. 학부 간의 제로섬 게임은 존재하지 않는다.

3 최근 예일 대학교는 정교했던 배분 이수제에 좀 더 변화를 주었다. 달리 언급되어 있지 않은 한, 교양과목 이수제에 대한 정보는 대학 웹 사이트에서 확인할 수 있으며 이는 변경될 수 있다.

4 브라운 대학교는 학생들에게 '능숙한 작문 실력'을 발휘하도록 요구하지만, 강사가 느끼기에 이러한 능력이 부족한 학생들에게는 문제를 해결하기 위한 학습 과제를 하도록 한다.

5 예를 들어 스탠퍼드 대학교는 인문학 개론과 학문의 폭넓음 항목의 한 가지 과목뿐 아니라 시민 교육이라는 항목의 과목 중 윤리적 추론, 글로벌 공동체, 미국 문화와 성별 연구로 필수 이수 과목을 한정하고 있다.

6 이 장에서 교양교육 개혁의 역사에 대한 논의는 하버드 대학교의 문서인 〈하버드 대학교의 교과과정 개혁〉(2006)에 따른 것으로, 저자는 많은 동료 교수 및 행정가 들

과 협력해 이 문서의 작성에 참여했다. 여기에 사용된 부분은 저자가 직접 조사하고 초안을 작성했지만, 위원회 전체의 편집 감독을 통해 도움을 받았다. 이는 중간 보고서로서 이후 권고 내용으로 대체됐다.

7 Laurence R. Veysey, *The Emergence of the American University*(Chicago: University of Chicago Press, 1965), pp. 180~251; Julie A. Reuben, *The Making of the Modern University: Intellectual Transformation and the Marginalization of Morality* (Chicago: University of Chicago Press, 1996), pp.61~87; Jon H. Roberts and James Turner, *The Sacred and the Secular University* (Princeton: Princeton University Press, 2000), pp. 83~106.

8 Arthur Levine, *Handbook on Undergraduate Curriculum* (San Francisco: Josssey-Bass, 1978), pp. 3~4.

9 많은 논평가가 언급해왔듯이, 오늘날 교수진이 이러한 (또는 거의 다른) 과목들에 대해 고정된 하나의 교과목에 동의하도록 만드는 것은 사실상 불가능하다. 그러나 컬럼비아 대학교의 핵심 제도가 이러한 법칙에서 벗어나 컬럼비아 대학교라는 프랜차이즈의 얼굴이 됐다는 사실은 아마도 이 제도가 지금까지 유지될 수 있었던 주요 이유라 할 수 있을 것이다. '현대문명'과 '문학인문학'은 컬럼비아 대학교의 교양교육 프로그램의 일부일 뿐이다.

10 Robert McCaughey, *Stand, Columbia: A History of Columbia University in the City of New York, 1754~2004*(New York: Columnbia University Press, 2003), p. 290. 컬럼비아 대학교 핵심 과정의 발전에 관한 내용은 같은 책 pp. 285~2099 및 http://www.college.columbia.edu/core/oasis/history0.php에서 티머시 P. 크로스(Timothy P. Cross)의 핵심 과정의 역사를 참조. Justus Buckler, "Reconstruction in the Liberal Arts" in Dwight C. Miner, ed., *A History of Columbia College on Morningside* (New York: Columbia University Press, 1954), pp. 48~135; W. B. Carnochan, *The battleground of the Curriculum: Liberal Education and American Experience* (Stanford: Stanford University Press, 1993), pp. 68~87 및 Levine, *Handbook*, pp. 330~333을 참조.

11 Carnochan, *Battleground*, p. 76에서 인용.

12 위의 책, pp. 70~72

13 이 강좌는 엄청난 성공을 거둔 트릴링의 첫 번째 작품 *Liberal Imagination*(1950)으로 시작해 그의 마지막 작품이자 본 강의의 교수요목에 대한 주석에 해당한다고 볼 수 있는 *Sincerity and Authenticity*(1972)에 이르는 트릴링의 문학 비평을 관통하는 뼈대다. 트릴링은 *Beyond Culture: Essays on Literature and Learning* (New York: Viking,1965), pp. 3~30의 "On the Teaching of Modern Literature"에 상세하게 이 강좌에 대해 묘사하고 있다. 그는 또한 "Reflections on a Lost

Cause: English Literature and American Education"(1958), in Diana Trilling, ed., *Speaking of Literature and Society* (New York: Harcourt Brace Jovanovich, 1980), pp. 243~69와 "Some Notes for an Autobiographical Lecture" in Diana Trilling, ed., *The Last Decade: Essays and Reviews, 1965~75*(New york: Harcourt Brace Jovanovich,1979), pp. 231~234에서 이에 대해 언급했다.

14 세인트존스 대학의 학생들은 서양 사상 및 문학에 대한 고전서를 다루는 4년짜리 세미나를 수강한다. 이 세미나에는 4주 동안 카를 마르크스의 저술을 살펴보는 것도 포함되어 있다.

15 Nicholas Lemann, *The Big Test: The Secret History of the American Meritocracy* (New York: Farrar, Straus and Giroux, 1999), pp. 42~52, 78~79. James Hershberg 자서전, *James B. Conant: Harvard to Hiroshma and the Making of the Nuclear Age*(New York: Knopf, 1993)는 대부분 코넌트가 원자 폭탄 문제에 관여한 것에 대해 할애하고 있다. 코넌트는 전쟁 중 핵 연구의 수석 민간 관리자였으며 히로시마와 나가사키에 폭탄을 투하해야 한다고 권고했다. 이는 단지 권고 사항으로서 실제 투하는 육군 장관의 결정에 따른 것이었다. 허시버그는 코넌트의 교육 개혁에 대해서는 상세하게 다루지 않았다. 나는 "The Long Shadow of James B. Connant" *American Studies* (New York: Farrar, Straus and Giroux, 2002), pp. 91~111에서 두 측면을 모두 논했다.

16 Morton Keller, Phyllis Keller, *Making Harvard Modern: The Rise of America's University*, 2nd ed. (New York: Oxford University Press, 2007), p. 44에 인용됨. 하버드 대학교의 '레드북과 교양교육 프로그램의 운명에 관한 글은 위의 책 pp. 42~46과 Phyllis Keller, *Getting at the Core: Curricular Reform at Harvard*(Cambridge, MA: Harvard University Press, 1982), pp. 10~18 참조.

17 Cross, http://www.columbia.edu/core/oasis/history0.php를 참조.

18 *Higher Education for Democracy: A Report of the President's Commission on Higher Education*(Washington, DC: U.S. Government Printing Office, 1947).

19 Hershberg, *James B. Conant*, p. 520.

20 *General Education in a Free Society: Report of the Harvard Committee* (Cambridge, MA: Havard University Press,1945), p. 102.

21 또 다른 이유는 고전은 세월이 흘러도 변치 않는 것으로 그 자체를 위해 공부할 필요가 있다는 것이다. 이는 로버트 허친스의 견해로 그는 컬럼비아 대학교의 전 교수였던 모티머 아들러의 도움을 받아 시카고 대학교에서 가장 유명한 고전 프로그램을 도입했다. John W. Boyer, "A twentieth-Century Cosmos: The New Plan and the Origins of General Education at Chicago," *University of Chicago Record, 41*(2007년 1월 18일): 4~24 참조. 모든 교양 프로그램은 '고전은 그 자체로도 중

요하지만 그것이 지금까지 중요한 것으로 여겨졌기 때문에 또한 의미가 있다'는 두 가지 복합적인 이유를 배경으로 한 것이다. 시카고 대학교의 프로그램은 전자의 이론을 극명하게 표명하고 있다. Robert M. Hutchins, *The Higher Learning in America* (New Haven: Yale University Press, 1936). 앞에 말한 이론은 1987년 동시에 유명세에 오른 Allan Bloom, *The Closing of the American Mind*와 E. D. Hirsch, *Cultural Literacy*에서 발견할 수 있다. 블룸은 서양 철학에서 고전으로 여겨지는 작품들이 세월이 흘러도 변치 않는 교육적 적절성을 가지고 있다는 허친스의 주장을 되풀이한다. 버지니아 대학교의 영문학 교수인 허슈는 모든 교양 있는 사람이 이미 그렇게 하고 있기 때문에, 교양인이 되고 싶다면 누구라도 반드시 알아야 할 용어와 구절을 배울 필요가 있다고 주장한다. 블룸은 모든 학생이 교양을 갖추기를 원했고, 허슈는 단지 그들이 읽고 쓸 줄 알기를 원했다.

22 코넌트는 자서전에서 이후 "통합되고 일관된 문화는" 민주주의 국가에서 불가능하며 "다원적 사상이 민주주의의 기초가 된다는" 사실을 깨달았다고 말한다. James B. Conant, *My Several Lives: Memoirs of a Social Inventor* (New York: Harper & Row, 1970), p. 366.

23 Keller, *Getting to the Core*, pp. 17~19

24 엘리엇의 개혁과 그에 대한 국가적 중요성에 관한 내용은 다음을 참조. Hugh Hawkins, *Between Harvard and America: The Educational leadership of Charles W. Eliot*(New York: Oxford University Press, 1972). 엘리엇의 학장 시절에 대한 내용은 다음을 참조. Henry James, *Charles W. Eliot: President of Harvard University, 1869-1909*(Boston: Houghton Mifflin, 1930), vol. 1, esp. pp. 184~30 1and Samuel Eliot Morison, *Three Centuries of Harvard, 1636~1936*(Cambidge, MA: Harvard University Press, 1936), pp. 323~364. 참조.

25 Hawkins, *Between Harvard and America*, pp. 92~93.

26 1940년 대학 인구는 6.5명 중 한 명꼴이었다. Burton J. Bledstein, *The Culture of Professionalism: The Middle Class and the Development of Higher Education in America* (New York: W. W. Norton, 1976), p. 278 참조. 오늘날 미국인 전체의 절반이 대학을 다닌 경험이 있으며, 25퍼센트가 대학 학위를 가지고 있다(준학사 또는 학사 학위).

27 Hawkins, *Between Harvard and America*, p.105에서 인용.

28 Veysey, *The Emergence of the American University*, pp. 248~259.

29 하버드 대학교에서 핵심 교과과정이 설립된 역사는 Keller, *Getting to the Core*에서 확인할 수 있다.

30 Carnochan, *Battleground*, pp. 97~98에서 인용.

31 Carnegie Foundation for the Advancement of Teaching, *Mission of the College Curriculum: A Contemporary Review with Suggestions* (San Francisco: Jossey-Bass,1977), pp.171~172.
32 Levine, *Handbook*, pp. 10~14.
33 미국 4년제 대학의 3분의 1 정도가 인문과학 분야를 집중적으로 학습하거나 인문과학과 예비 전문가 과정 사이의 균형을 맞추는 교과과정을 갖추고 있다. "Undergraduate Instructional Program: Distribution of instructions and enrollment by classification category", Carnegie Foundation for the Advancement of Teaching. 몇 년 전, 점점 혼합되는 미국 학부 교과과정을 감안하여, 카네기 재단은 독립된 항목으로서의 인문과학 분야를 분류 체계에서 제외했다. 대학을 다니는 미국인 대부분은 인문과학 교육을 받지 않는다.
34 Bachelor's degrees conferred by degree-granting institutions, by discipline division, *Digest of Education Statistics*.
35 Joan Gilbert, "The Liberal Arts College: Is It Really an Endangered Species?", *Change*, 27 (1995. 9~10): 36. 길버트는 1980년대에 인문과학 분야의 학위 수여 비율이 상승했음을 발견했지만, 1972년 이래로 수여된 학위를 분석해본 결과 비율이나 절대적인 수치에서 근본적으로는 모두 감소하는 추세에 있다고 주장했다.

제2장 | 인문학 혁명

1 인문학은 보통 세 개의 인문과학 분야 중 하나에 해당하는데, 학교마다 다르게 규정되며 한 인문과학 분야 내에 많은 하위 분야가 있다. 하버드 대학교는 인문학에 20개의 학위 과정이 있다. 가장 큰 차이점은 역사학이 예일 대학교처럼 인문학에 속하는가, 하버드 대학교처럼 사회과학에 속하는가다. 역사학의 변화 및 역사학을 가르치는 것은 인문학의 상태에 대한 공적 토론의 상당 부분을 차지했다. 내부 토론에서는 덜 했다. 철학은 대개 대내외적으로 관심 밖이었다.

2 George Levine et al. *Speaking for the Humanities* (New York: American Council of Learned Societies, 1989); Michael Bérubé and Cary Nelson, eds., *Higher Education Under Fire: Politics, Economics, and the Crisis of the Humanities* (New York: Routledge, 1995); Martha Nussbaum, *Cultivating Humanity: A Classical Defense of Reform in Liberal Education* (Cambridge, MA: Harvard University, 1997); Sander Gilman, *The Fortunes of the Humanities: Thoughts for After the Year 2000* (Stanford: Stanford University Press, 2000); Marjorie Garber, *A Manifesto for Literary Studies* (Seattle: Walter

Chapin Simpson Center for the Humanities, 2003). 1970년대에 설립된 많은 대학의 인문학 센터의 강령을 참조. 인문학 센터 및 교육 기관들의 국가 컨소시엄은 1988년 설립됐다.

3 Alvin Kerman, ed., *What's Happened to the Humanities?* (Princeton: Princeton University Press, 1997).

4 1999년 스탠퍼드 대학교 인문학 센터에서 열린 콘퍼런스 이름.

5 T. S. Eliot, "Hamlet and His Problems," *The Sacred Wood* (London: Methuen, 1920), p. 100. 문학에서 '객관적 상관물'이라는 용어는 줄거리 상황 또는 이미지와 작가가 끌어내고자 하는 감정 사이의 '정확하게 동일한 것'을 의미한다.

6 Roger. L. Geiger, "The Ten Generations of American Higher Education," Philip G. Altbach, Robert O. Berdahl, and Patricia J. Gumport, eds., *American Higher Education in the Twenty-first Century: Social, political, and Economic Challenges* (Baltimore: Johns Hopkins University Press, 1999), p.61

7 U.S. Bureau of the Census, *Historical Statistics of the United States, Colonial Times to 1970* (Washrnment Printing Office, 1975), Vol. 1, pp. 382, 387; Walter P. Metzger, "The Academic Profession in the United States," in Burtin R. Clark, ed., *The Academic Profession: National, Disciplinary, and Institutional Settings* (Berkeley: University of California Press, 1987), p. 124.

8 Geiger, "Ten Generations," p. 62.

9 1939년 출산율은 인구 1,000명당 18.8명이었고, 1949년에는 거의 3분의 1이 더 늘어난 24.5명이었다.

10 U.S. Office of Scientific Research and Development, *Science–The Endless Frontier* (Washington, DC: U.S. Government Printing Office, 1945). Roger L. Geiger, *Research and Relevant Knowledge: American Research Universities Since World War II* (New York: Oxford University Press, 1993), pp.157~197. Hugh Davis Graham and Nancy Diamond, *The Rise of American Research Universities:Elites and Challengers in the Postwar Era* (Baltimore: Johnsn Hopkins University Press, 1997), pp. 26~50.

11 Gary S. Becker, *Human Capital: A Theoretical and Empirical Analysis, with Special Reference to Education* (New York: National Bureau of Economic Research, 1964), Theodore William Schultz, *The Economic Value of Education* (New York: Columbia University Press, 1963)

12 Elizabeth A. Duffy, Idana Goldberg, *Crafting a Class: College Admissions and Financial Aid, 1955~1994* (Princeton: Princeton University Press, 1998), p. 170.

13 위의 책, p.4
14 College enrollment of recent high school graduates: 1960~1994, U.S. Bureau of the Census, *Statistical Abstract of the United States* (Washington, DC: U.S. Government Printing Office, 1996), p. 180.
15 Duffy and Goldberg, *Crafting a Class*, p. 22. Marvin Lazerson, "The Disappointments of Success: Higher Education After World War Ⅱ," *Annals of the American Academy of Political and Social Science*, 559 (1998): 72 참조.
16 Joan Gilbert, "The Liberal Arts College: Is It Really an Endangered Species? *Change*, 27 (1995. 9~10): 36-43.
17 Bachelor's degrees earned by field: 1960~2006, *Digest of Education Statistics*. 인문학 분야에 역사학은 포함되지 않는다. 종교적 직업, 지역 연구, 일반 연구 및 시각 및 공연예술과 같은 과목을 인문학에 포함할 경우 인문학은 모든 학사 학위의 17 퍼센트를 차지한다. bachelor's and master's degrees conferred by degree-granting institutions, by field of study and state or jurisdiction: 2005~2006, *Digest of Education Statistics* 참조.
18 '오늘날' 이라 함은 이러한 분류가 가능했던 가장 최근의 기간인 2005년을 가리킨다. 백인 학생의 대학 및 대학원 진학 비율은 동일하다. Total fall enrollment in degree-granting institutions, by attendance status, sex of student, and control of institution: Selected year, 1947~2005, *Digest of Education Statistics*.
19 Total fall enrollment in degree-granting institutions, by race/ethnicity, sex, attendance status, and level of student: Selected year, 1976~2005, *Digest of Education Statistics*.
20 Louis Menand, "Everyone Else's Higher Education," *New York Times Magazine*, 1997년 4월 20일, p. 48. 이 통계는 *Chronicle of Higher Education*, Almanac Issue, 1996 표에서 계산했다.
21 Martin J. Finkelstein, Robert K. Seal, Jack H. Schuster, *The New Academic Generation: A profession in Transformation* (Baltimore: Johns Hopkins University Press, 1998), pp. 26~32.
22 *Part-Time, Adjunct, and Temporary Faculty: The New Majority: Report of the Sloan Conference on Part-Time and Adjunct Faculty* ([New York]: Alfred P. Sloan Foundation), 1998), p. 5.
23 Doctor's degrees conferred by institutions of higher education, by racial/ethnic group and sex of student: 1976~1977 to 1996~1997, *Digest of Education Statistics*.
24 '문화 전쟁' 은 고등교육 이상의 개념을 포괄한다. 1989년 시작된 비판의 주요 대상

은 국립 예술 및 인문과학 기금(National Endowments for the Arts and the Humanities)의 기금 마련 관행이었다. Richard Bolton, ed., *Cultural Wars: Documents from the Recent Controversies in the Arts* (New York: New Press, 1992)

25 Lazerson, "The Disappointments of Success" p.66
26 경제적 필요성에 대한 이러한 논의는 Duffy and Goldberg's *Crafting a Class*에 나온 결론으로, 이는 열여섯 개의 오하이오 및 매사추세츠 인문과학 대학의 입학 정책에 대한 연구였다. 여성 운동 및 정보 경제에 대한 내용은 Francis Fukuyama, *The great Disruption: Human Nature and the Reconstitution of Social Order* (New York: The Free Press, 1999) 참조.
27 *General Education in a Free Society: Report of the Harvard Committee* (Cambridge, MA: Havard University, 1945), *Higher Education for American Democracy: A Report of the President's Commission on Higher Education* (New York: Harper & Bros., 1948).
28 1장에서 이미 확인했다.
29 Daniel Bell, *The End of Ideology: on the Exhaustion of Political Ideas in the Fifties* (New York: The Free Press, 1962). 이 단계는 또한 사회학자 시모어 마틴 립셋(Seymour Martin Lipset)과 관련이 있다.
30 Thomas Mender, "Politics, Intellect, and the American University, 1945-1995," in Bender and Carl E. Shorske, eds., *American Academic Culture in Transformation: Fifty Years, Four Disciplines* (Princeton: Princeton University Press, 1997), pp. 17~54. 초기 냉전 시대에 정치를 피하려는 경향은 물론 학문 과정으로 매카시즘 침입의 위협에 대한 반응이었다. Ellen W. Shrecker, *No Ivory Tower: McCarthysm and the Universities* (New York: Oxford University Press, 1986) 참조.
31 Talcott Parsons and Gerald M. Platt, *The American University* (Cambridge MA: Harvard University Press, 1973), p. 47, Geiger, *Research and Relevant Knowledge*, pp. 331~332.
32 Robert K. Merton, *Social Theory and Social Structure*, rev. ed. (New York: The Free Press, 1968), pp. 39~72. 머튼의 책 초판은 1949년에 출판됐다.
33 Wallace Martin, "Criticism and the Academy" A. Walton Litz, Louis Menand, and Lawrence Rainey, eds., *The Cambridge History of Literary Criticism*. Vol. 7: *Modernism and the New Criticism* (Cambridge: Cambridge University Press, 2000), pp. 269~321.
34 에세이 Bender and Schorske, eds., *American Academic Culture in Transfarmation*, 특히 Carl E. Schorske, "The New Regorism in the Human

Sciences, 1940~1960," pp. 309~320.
35 "from localism to nationalism"의 경향은 Christopher Jencks and David Riesman, *The Academic Revolution* (Garden City, NY: Doubleday, 1968), pp. 155~198 참조.
36 Clark Kerr, *The Uses of the University*, 4th, ed.(Cambridge, MA: Harvard University Press, 1995), pp. 83, 142.
37 *Regents of the University of California v. Bakke*, 432 U.S. 265.
38 웨슬리언 대학교에서의 현재 입학 관행에 대한 좋은 저널리스트의 글은 Jacques Steinberg, *The Gatekeepers: Inside the Admissions Process of a Premier College*(New York: Viking, 2002), 일부 엘리트 대학에서 다양한 학급을 얻기 위해 사용하는 방법 중 하나를 살펴보려면 Christopher Avery, Andrew Fairbanks, Richard Zeckhauser, *The Early Admissions Game: Joining the Elite* (Cambridge, MA: Harvard University Press, 2003) 참조.
39 Ernest L. Boyer, *Scholarship Reconsidered: Priorities of the Professoriate*(San Francisco: Carnegie Foundation for the Advancement of Teaching, 1990), Bruce Kimball, *The Condition of American Liberal Education: Pragmatism and a Changing Tradition* (New York: College Entrance Examinations Board, 1995), 보이어의 결론을 전반적으로 확인하는 연구.
40 Thomas Kuhn, *The Structure of Scientific Revolutions* (1962; 2nd ed., Chicago: University of Chicago Press, 1970), Paul de Man, *Blindness and Insight: Essays in the Rhetoric of Contemporary Criticism* (New York: Oxford University Press, 1971), Hayden White, *Metahistory: The Historical Imagination in Nineteenth Century Europe* (Baltimore: Johns Hopkins University Press, 1973), Clifford Geertz, *The Interpretation of cultures* (New York: Basic Books, 1973), Richard Rorty, *Philosophy and the Mirror of Nature* (Princeton: Princeton University Press, 1979), Stanley Fish, *Is There a Text in This Class? The Authority of Interpretive Communication* (Cambridge, MA: Harvard University Press, 1980).
41 I. A. Richards, *Practical Criticism: A Study of Literary Judgement* (New York: Harcourt, Brace, 1929), William Empson, *Seven Types of Ambiguity* (London: Chatto & Windus, 1930).
42 Talcott Parsons, *The Social System*(Glencoe, IL: The Free Press, 1951). 하버드에서 학제 간 부서인 '사회관계학과'를 설립한 파슨스는 세 개의 학과를 통합해 서로 교류하도록 의도했다.
43 Edward Said, *Orientalism* (New York: Pantheon, 1978); Sandra Gilbert and

Susan Gubar, *The Madwoman In the Attic: The Woman Writer and the Nineteenth-Century Literary Imagination* (New Have: Yale University Press, 1979); Fredric Jameson, *The Political Unconscious: Narrative as a Socially Symbolic Act* (Ithanca, NY: Cornell University Press, 1981); Eve Kosofsky Sedgwick, *Between Men: English Literature and Male Homosocial Desire* (New York: Columbia University Press, 1985). 에세이 Henry Louis Gates, Jr., ed., "Race" *Writing and Difference* (Chicago: University of Chicago Press, 1986). 이 리스트는 다소 작위적인 것이지만, 문학 연구의 역사에서의 대략적인 시간대와 윤곽을 나타낸다. 자세한 설명은 Christa Knellwolf and Christopher Norris, eds., *The Cambridge History of Literary Criticism*. Vol 9: *Twentieth-Century Historical, Philosophical, and Psychological Perspectives* (Cambridge University Press, 2001).

44 Gerald Graff, *Beyond the Culture Wars: How Teaching the Conflicts Can Revitalize American Education* (New York: W. W. Norton, 1992), Francis Oakley, *Community of Learning: The American College and the Liberal Arts Tradition* (New York: Oxford University Press,1992), pp. 160~164. 오클리는 학제간 대화를 염두에 두었다. 그라프의 작품은 본질적으로 간학제적 성격을 띤다.

45 Ethan Bronner, "Study of Sex Experiencing 2d Rovolution", *New York Times*, 1997년 12월 28일.

46 간학제성 문제점의 일부는 3장에서 논의하도록 한다.

47 Francis Oakley, "Ignorant Armies and Nighttime Clashes: Changes in the Humanities Classroom, 1970~1995," Kernan, ed., *What's Happened to the Humanities?* pp. 63~83.

48 http://www.trincol.edu/depts/phil/major.html. 대학 웹 사이트의 자료는 언제라도 변경될 수 있다. 트리니티 대학의 설명은 마치 열린 문답법으로서 소크라테스식의 철학 정의에 지나지 않는 것으로 완벽하게 전통적으로 보일 수도 있다. 트리니티 대학 부서의 회원 중 한 명으로부터 그것이 사실 철학이 자치적인 학문 분야라는 가정을 피하기 위해 설계된 것이라고 들었다.

49 http://apps.carleton.edu/curricular/philosophy;major

50 http://www.amherst.edu/~english/;http://www.wellesley.edu/English

51 인문학 교수들은 "정당성의 위기"에 대해 많은 재치 있는 표현들을 만들어냈다. 그 중 저자가 가장 좋아하는 것은 David H. Ritcher의 MLA 논문 제목인데 "Once I Built a Railroad, Now It's Done. Buddy, Can You Paradigm?" 이다.

제3장 | 간학제성과 불안감

1 스탠리 피시가 여러 번 강조했다. Fish, "Being Interdisciplinary Is So Very Hard to Do." *There's No Such Thing as Free Speech and It's a Good Thing, Too*(New York: Oxford University Press, 1994), pp. 213~242, *Professional Correctness: Literary Studies and Political Change* (Cambridge, MA: Harvard University Press, 1995), pp. 71~92.

2 Walter Metzger, "The Academic Profession in the United States," Burton R. Clark, ed., *The Academic Profession: National, Disciplinary, and Institutional Settings*(Berkeley: University of California Press, 1987), p. 136. Andrew Abbott, *Chaos of disciplines* (Chicago: University of Chicago Press, 2001), pp. 122~23: "미국 대학의 학과 구조는 1890년에서 1910년에 생겨난 이래로 대부분이 그대로 유지됐다. 대부분의 대학에서 생물학이 여러 학부로 나뉘기도 했다. (…) 인문학과 사회과학 분야에서 현재의 학과 지형은 지난 60년 또는 80년 동안 미미한 변화만 겪었다. 언어학, 비교문학과 몇몇 기타 작은 분야가 생겨났을 뿐이다."

3 1919년에 설립되어 인문학과 관련 사회과학 분야의 공통 관리 조직인 미국 제학회 평의원회와 같은 국가 단위의 학문 및 과학 단체가 존재한다. 그러나 대부분의 교수는 이러한 단체에서 정기적으로 모이지 않으며, 이들의 목적도 학제성을 초월하지 않는다.

4 특정 학과의 발전에 관한 내용은 다음을 보라. Gerald Graff, *Professing Literature: An Institutional History* (Chicago: University of Chicago Press, 1987), Thomas L. Haskell, *The Emergence of Professional Social Science: The American Social Science Association and the Nineteenth-Century Crisis of Authority* (Urbana: University of Illinois Press, 1977), Bruce Kuklick, *The Rise of American Philosophy: Cambridge, Massachusetts, 1869~1930* (New Haven: Yale University Press, 1977), Bruce Mazlish, *A New Science: The Breakdown of Connections and the Birth of Sociology* (New York: Oxford University Press, 1989).

5 Enorollment in institutions of higher education, by sex, enrollment status, and type of institution: 1869~1995, Institution of higher education—colleges and universities, teacher-training institutions, and medical and dental schools, by public-private control: 1869~1995, Professional and instructional staff at institutions of higher education, by sex and public-private control: 1869~1993, *Historical Statistics of the United States: Millennial Edition online* http://www.hsus.cambridge.org 참조.

6 프로페셔널리즘의 사회화에 관한 내용은 Magali Sarfatti Larson, *The Rise of Professionalism: A Sociological Analysis* (Berkeley: University of California Press, 1977), 고등교육과 연관 있는 프로페셔널리즘의 역사에 관한 내용은 Burton J. Bledstein, *The Culture of Professionalism: The Middle Class and the Development of Higher Education in America* (New York: W. W. Norton, 1976), Bruce Kimball, *The "True Professional Ideal" in America: A History* (Lanham, MD: Lowman and Littlefield, 1995) 참조. *Discovering Modernism: T. S. Eliot and His Context* (New York: Oxford University Prss, 1987), pp. 97~132에서 전문성과 문학적 근대주의에 대해 논했다. 이후 내용 중 일부는 이 부분에서 각색된 것이다.

7 이 개혁은 1장에서 논의했다.

8 Émile Durkheim, *De la division du travail social* (Paris: F. Alcan, 1893), Herbert Croly, *The Promise of American Life* (New York: Macmillan, 1910), R. H. Tawney, *The Acquisitive Society* (New York: Harcourt, Brace and Howe, 1920), Herbert Spencer, *The Principles of Sociology* (New York: Appleton, 1896), Vol. 3, pp. 179~324.

9 Adam Smith, *An Inquiry into the Nature and Causes of the Wealth of Nations*(1776), ed. Edwin Cannan(New York: Modern Library, 1937), pp. 3~4.

10 2003년 인문학에서 학위를 얻는 데 걸리는 총 평균 시간은 11.3년이었고, 재학생 기준으로는 9년이었다. Thomas B. Hoffer, Vincent Welch, Jr., "Time to Degree of U.S. Research Doctorate Recipients," *InfBrief; Science Resources Statistics*(National Science Foundation, 2006년 3월), pp. 2~3. 학위 취득 시간의 유의성에 대한 논의는 4장에서 다룬다.

11 Stanley Fish, "Anti-Professionalism," *Doing What Comes Naturally: Change, Rhetoric, and the Practice of Theory in Literary and Legal Studies*(Durham, NC: Duke University Press, 1989), pp. 214~246.

12 이후 다뤄질 역사 연구에 대한 내용은 다음을 따랐다. Graff, *Professing Literature*, esp. pp. 121~161, 183~208, Wallace Douglas, "Accidental Institution: On the Origin of Modern Language Study," Gerald Graff and Reginald Gibbons, eds., *Criticism in the University* (Evanston, IL: Northwestern University Press, 1985), pp. 35~61, Wallace Martin, "Criticism and the Academy," A. Walton Litz, Louis Menand, and Lawrence Rainey, eds., *The Cambridge History of Literary Criticism* Vol.7: *Modernism and the New Criticism* (Cambridge: Cambridge University Press, 2000), pp. 269~321. Jonathan Culler, "Literary Criticism and the American

University," *Framing the Sign: Criticism and Its Institutions*(Oxford: Basil Blackwell, 1988), pp. 3~40.
13 Martin, "Criticism and the Academy," p. 273.
14 Graff, *Professing Literature*, p. 283n.
15 George Saintsbury, *A History of Criticism and Literary Taste in Europe, from the Earliest Texts to the Present Day* (Edinburgh: Blackwood, 1900~1904), Vol. 3, p. vi.
16 René Wellk, *A History of Modern Criticism: 1750–1950* (New Haven: Yale University Press, 1955~1966), Vol. 1, pp. vi. 7 (강조는 내가 한 것)
17 William K. Wimsatt, Cleanth Brooks, *Literary Criticism: A Short History* (Chicago: University of Chicago Press, 1957), Vol. 1, pp. vii, ix~x.
18 보통 모두 예일 대학교 교수로 J. 힐리스(J. Hills), 밀러(Miller), 제프리 하르트만(Geoffrey Hartman), 폴 드 만, 해럴드 블룸(Harold Bloom)과 밀접하게 관련이 있다. 1975년 정규 강의를 시작한 자크 데리다와 함께 이들은 *Deconstruction and Criticism* (New York: Continuum,1979)을 통해 (블룸은 해체주의자가 아니었기 때문에 살짝 잘못된 것이긴 하지만) '학파' 라는 개념을 세상에 소개했다. Jonathan Arac, Wlad Godzich, Wallace Martin, eds., *The Yale Critics: Deconstruction in America* (Minneapolis: University of Minnesota Press, 1983). 예일 대학교는 또한 1950년대 신비평의 보루였다. 신비평가들에 대한 좋은 설명이 있다. Grant Webster, *The Republic of Letters: A History of Postwar American Literary Opinion*(Baltimore: Johns Hopkins University Press, 1979), pp. 63~206. 신비평의 비문학적 측면에 대한 내용은 Mark Jancovich, *The Cultural Politics of the New Criticism*(New York: Cambridge University Press, 1993) 참조.
19 엘리엇과 영문학 연구와의 관련성에 대해 "T. S. Eliot and Modernity," *New England Quarterly*, 69(1996): 554~579에서 논했다.
20 T. S. Eliot, "Tradition and the Individual Talent," *The Sacred Wood* (London: Methuen, 1920), pp. 47~59.
21 Walter Jackson Bate, *Criticism: The Major Texts* (New York: Harcourt, Brace, 1952).
22 Thomas Haskell, "Professionalism *versus* Capitalism: R. H. Tawney, Émile Durkheim, and C. S. Pierce on the Disinterestedness of Professional Communities," Eliot Freidson, "Are Professions Necessary," Haskell, ed., *The Authority of Experts: Studies in History and Theory* (Bloomington: Indiana University Press, 1984), pp. 182, 4~5. Walter Metzger, "A Spectre is Haunting American Scholars: The Spectre of 'Professionism,'" *Educational Researcher*,

vol. 16, no. 6 (1987): 10~19.
23 Peter M. Blau, *The Organization of Academic Work* (New York: Wiley, 1973), p. 5.
24 위의 책, p.27. 데이비드 댐로시(David Damrosch)가 인용한 수치. 일부 결과에 대한 고찰은 Damrosch, *We Scholar: Changing the Culture of the University* (Cambridge, MA: Harvard University Press, 1995), esp. pp. 24~47.
25 Ernest Boyer, *Scholarship Reconsidered: Priorities of the Professoriate* (San Francisco: Carnegie Foundation for the Advancement of Teaching, 1990), p. 56.
26 위의 책, p. 12.
27 Harold Rosenberg, *The Anxious Object: Art Today and Its Audience* (New York: Horizon,1964), esp. pp.13~20.
28 다음 에세이를 보라. Patricia Meyer Spacks, ed., *Advocacy in the classroom: Problems and Possibilities* (New York: st. Martins Press, 1996)

제4장 | 왜 교수들은 똑같이 생각하는가?

1 이 고전 역사서는 Richard Hofstadter, Walter P. Metzger, *The Development of Academic Freedom in the United States*(New York: Coulumbia University Press, 1955).
2 John Dewey, "Introductory Address to the American Association of University Professors," 1915년 1월 1일, "Annual Address of the President to the American Association of University Professors,", 1915년 12월 15일, 모두 다음 책에 있다. *The Middle Works, 1899~1924*, ed. Jo Ann Boydston (Carbondale, IL: Southern Illinois University Press, 1976~1983), Vol. 8, pp. 98~108.
3 "The Limits of Academic Freedom," Louis Menand, ed., *The Future of Academic Freedom* (Chicago: University of Chicago Press, 1996), pp. 3~20에서 학문적 자유 이론의 역할을 논했다.
4 미주리 캔자스시티 대학교 2001년 해리스 미킨(Harris Mirkin)과 콜로라도 대학교 2005년 워드 처칠을 포함한 실제 사례를 인용한 것이다.
5 Paul F. Lazersfeld, Wagner Thielens, Jr., *The Academic Mind: Social Scientist in a Time of Crisis* (Glencoe, IL: The Free Press, 1958), p. 14.
6 Roger Kimball, *Tenured Radicals: How Politics Has Corrupted Our Higher Education* (New York: Harper & Row, 1990). 동 시기의 유사한 베스트셀러 작품 Dinesh D'Souza, *Illiberal Education: The Politics of Race and Sex on*

Campus(New York: The Free Press, 1991).

7 David Horowitz, Eli Lehrer, "Politic Bias in the Administrations and Faculties of 32 Elite Colleges and Universities"(San Francisco: Center for the Study of Popular Culture, 2002). 호로비츠는 관련 웹 사이트 www.studentsfoacademicfreedom.org 를 후원한다.

8 Daniel Klein, Andrew Western, "Voter Registration of Berkeley and Stanford Faculty", *Academic Questions*, 18(2004년~2005년): 53~65, Klein and Charlotta Stern, "Political Diversity in Six Disciplines," *Academic Questions*, 18(2004년~2005년): 40~52, Stanley Rothman, S. Robert Lichter, and Neil Nevitte, "Politics and Professional Advancement Among College Faculty," *The Forum*, vol. 3, no.1(2005), article 2, Gary A. Tobin and Areyh K. Weinberg, "A Profile of American College Faculty: Political Beliefs and Behavior" (San Francisco: Institute for Jewish and Community Research, 2006), John F. Zipp and Ruby Fenwick, "Is the Academy a Liberal Hegemony? The Political Orientations and Educational Values of Professors", *Public Opinion Quarterly*, 70(2006): 304~326. 이 연구들의 방법론들은 그로스와 시먼스에게 비판받았다. 아래 주 9를 보라.

9 Neil Gross and Solon Simmons, "The Social and Political Views of American Professors"(2007), 조사보고서, http://www.wjh.harvard.edu/~ngross/lounsbery_9-25.pdf. 이 연구는 리처드 라운스베리 재단의 연구비 지원을 받았으며 2007년 하버드 대학교에서 "The Politics of the Professors" 콘퍼런스의 주제였다. 나는 주요 연구자였으며 설문지 구성에 참여했다. 그러나 연구의 집행 또는 결과 분석에는 관여하지 않았다. 내가 사용한 데이터는 이 조사 보고서에서 빌려온 것이며 여전히 검토 대상이다.

10 그로스와 시먼스는 자기 보고를 확인하기 위해 많은 방법을 사용했다. 예를 들어 정치적 회유 및 정당에 대한 설문 조사에 대한 답변을 이라크 전쟁, 낙태, 동성애 문제 등 특정 이슈에 대한 견해와 함께 연관시켰다.

11 그동안 여러 차례 확인을 받은 고전 연구, Philip Converse, "The Nature of Belief Systems in Mass Publics," David Apter, ed., *Ideology and Discontent* (Gencoe, IL: The Free Press, 1964), pp. 206~261.

12 이러한 데이터와 후속 데이터는 그로스와 시먼스의 작업 보고서에서 가져온 것이다. 숫자가 잘 맞지 않는 것은 반올림해서다.

13 "Liberal-Conservative self-identification 1972~2004", *ANES Guide to Public Opinion and Electoral Behavior*, http://www.electionstudies.org/nesguide/toptable/tab3_1.htm 자료.

14 갤럽 여론 조사를 그로스와 시먼스가 인용.
15 Robin Wilson, "Conservatives Just Aren't into Academe, Study Finds" *Chronicle of Higher Education*, 54(2007년 2월 22일); A1~A8, Matthew Woessner and Elizabeth Kelly-Woessner의 논문 "Left Pipeline: Why Conservatives Don't Get Doctorates"에 대한 보고.
16 "Re-envisioning the PhD," http://www.grad.washipton.edu/envision/ "PhDs-Ten Years Later," UC 버클리 대학교(1999), 후자는 머리시 네러드(Marisi Nerad)가 수행.
17 이것은 2000년 이후로 변했다. 많은 그룹이 박사 학위 이수율을 추적하기 시작했고, 비학계 직업에 맞춘 박사 학위 프로그램을 도입하고 학위 이수 시간을 단축할 방법을 탐구했다. 이는 부분적으로는 직업 시장 상황에 따른 것이었지만 한편으로는 증가하는 ABD와 포스트닥터(정년 트랙 자리를 얻지 못한 박사)의 수를 우려해서이기도 했다.
18 *PhD Completion and Attrition: Analysis of Baseline Demographic Data from the PhD Completion Project* (Council of Graduate Schools, 2008). 이 연구의 대상은 1992~1993년에서 1994~1995년 대학원 프로그램에 들어간 학생들이었다. 10년 후, 인문학 분야의 31.7퍼센트의 박사 학위 학생들이 자퇴했고, 49.3퍼센트가 학점을 이수하고 나머지 19퍼센트가 학업을 계속하고 있었다. 10년간의 자연 감소율은 수학과 물리과학에서 가장 높았고(36.9퍼센트), 생명과학에서 가장 낮았다(26.2퍼센트). http://www.phdcompletion.org/quantitative/book1_quant.asp.
19 Roger L. Geiger, "The Ten Generations of American Higher Education," Philip G. Altbach, Robert O. Berdahl, Patricia J. Gumport, eds., *American Higher Education in the Twenty-first Century: Social Political and Economic Challenge* (Baltimore: Johns Hopkins University Press, 1999), p. 61.
20 이 문단과 다음 문단의 학위에 대한 데이터는 학위 수여 기관별, 학문 분야별로 학사학위: 1970-1971에서 2005-2006까지, *Digest of Education Statistics*.
21 이러한 경향은 진보 및 예비 전문 교육 간의 괴리와 관련하여 1장에서 논의했다.
22 나의 글 "How to Make a PhD Matter," *New York Times Magazine*, 1996년 9월 22일, p. 78에 나온 것이다. 해마다 광고하는 시작 위치 숫자의 오르내림은 어느 정도까지는 경제의 역할 때문이다. 세금 수입의 변화는 거의 1년 주기로 공공 기관의 고용에 영향을 미친다.
23 Richard Bernstein, *Dictatorship of Virtue: Multiculturalism and the Battle for America's Future* (New York: Knopf, 1994), David Lehman, *Signs of the Times: Deconstruction and the Fall of Paul de Man* (New York: Poseidon, 1991). 디수자는 프린스턴 대학교의 대학원생, 킴벌은 예일 대학교, 번스타인은 하

버드 대학교, 리먼은 컬럼비아 대학교의 대학원생이었다.

24 Christopher Jencks, David Riesman, *The Academic Revolution* (Garden City, NY: Doubleday, 1968), p. 536.

25 Thomas B. Hoffer, Vincent Welch, Jr., "Time to Degree of U.S. Research Doctorate Recipients" *InfoBrief*(Washington, DC: National Science Foundation, 2006년 3월), pp. 2~3.

26 William G. Bowen, Neil Rudenstine, *In Pursuit of the PhD*(Princeton: Princeton University Press, 1992), p. 255. 저자들은 이수, 자연 감원 처리율 및 학위 획득 시간율에 대한 데이터를 분석했다(pp. 105~141). 이들은 세 시기가 "두드러졌다"고 결론지었다. 1962년까지 학위 획득 시간율을 상승했다. 1960년대 초기 수준으로 되돌아가던 시기, 1970년대 초 이후, 학위 획득 시간이 "전 연구 분야에서 유의미하게 꾸준히 상승하는 것으로 보임"(p. 116). 그러나 이들의 책은 1992년 출간됐다.

27 이는 보고서에 대한 공통 반응이었다. 조사를 받은 대다수의 박사는 비록 자신들이 특별하게 훈련받은 일을 하는 것은 아니었지만 어딘가에서 행복하게 일하고 있었으며, 박사 교육에 대한 사회 투자가 헛되지 않음을 시사한다. Peggy Maki and Nancy A. Borkowski, *The Assessment of Doctoral Education: Emerging Criteria and New Models for Improving Outcomes*(Sterling, VA: Stylus, 2006), pp. 109~141.

28 바이스부흐는 1997년부터 2005년까지 우드로윌슨 재단의 회장이었고, 드루 대학교의 학장이 되어 떠났다.

29 이 언급은 말뿐으로 그치지 않았다. 인문과학 대학원에 들어가기 전에 나는 전문대학원에서 시작했다. 이 종잡을 수 없는 영역은 매우 차이가 난다. 전문화된 학문적 전문 지식의 비양도성은 3장에서 논의했던 이유로 빈틈없이 잘 보호되고 있는 이 직업의 특징이다.

30 답변과 분석 내용은 다음을 참조. 대학원생 조합 운동에 관한 내용은 다음을 보라. Cary Nelson, ed., *Will Teach for Food: Academic Labor in Crisis*(Minneapolis: University of Minnesota Press, 1997), '파견 교수'의 증가에 대한 내용은 다음을 보라. Marc Bousquet, *How the University Works: Higher Eductaion and the Low-Wage Nation*(New York: New York University Press, 2008).

찾아보기

ㄱ

간학제성 7, 74~75, 83~85, 104~109, 111, 126, 159
개념예술 108
객관성 27, 68, 78
객관적 상관물 54, 155
경성 학문 94
경영학(학과목) 9, 47, 50, 130
경제학(학과목) 10, 27, 35, 48, 50, 58, 103, 106
고등교육 7~12, 19, 31~33, 37~38, 42, 44, 47, 55~62, 65, 77, 83, 85, 87, 95, 107, 115, 117, 122, 125, 129, 131, 137, 139, 143~144, 149, 156, 161
고등교육위원회 33
공공 지식인 74
공산주의 62
공화당 122, 124
《과학 - 끝없는 개척자Science-The Endless Frontier》 57
《과학 - 혁명 구조The Structure of Scientific Revolutions》 71
교수단 6, 41, 87, 121
교수요목 27, 151
교양교육 17, 18~19, 22~27, 31, 41, 43, 44~46, 49~50, 62, 150, 152
교육과정 7, 21, 50, 149
교육평가원 32
교육학(학과목) 28, 31, 47, 85, 86
구바, 수전Gubar, Susan 72
구술시험 39, 135
구조주의 64, 70

국가방위교육법 57~58, 62
국가방위법 26
국립과학재단 57
국방부 57
제럴드, 그라프Gerald, Graff 73
그로스, 닐Gross, Neil 118~120, 122, 124~125, 164
근대언어협회 87, 47
급진주의자 118, 124
기어츠, 클리퍼드Geertx, Clifford 70~71
기호학 69
길버트, 샌드라Gilbert, Sandra 72
길버트, 조안Gilbert, Joan 154, 156

ㄴ

나무 위에 세 명 67
냉전 33, 35, 56, 65, 71~72, 77, 117, 157
네이더, 랠프Nader, Ralph 120
노동 분화 86, 88
《노동의 사회적 분업The Social Division of Labor》 89
논문 72, 86, 96, 99, 107, 129, 133, 135~136, 159, 165
《뉴 리퍼블릭The New Republic》 89
《뉴욕 타임스 매거진New York Times Magazine》 147
《뉴욕 타임스》 74

ㄷ

다문화주의 68
다양성 22, 55, 67, 68~69, 77~78, 98, 137
다트머스 대학 27
단테Dante 30
달, 로버트Dahl, Robert 150

대중의 의견 139
대학 요람 21, 24, 71, 74, 75,
데리다, 자크Derrida, Jacques 75, 162
도구적 42, 46
도덕철학 98
독문학(학과목) 95
독자 반응 접근법 71
독점적 40, 88
동료 검토peer-review 91, 94, 136
뒤르켐, 에밀Derkheim, Derkheim 89
듀이, 존Dewey, John 68, 116
드 만, 폴de Man, Paul 70, 71, 162
디수자, 디네시D' Souza, Dinesh 132
디킨스, 찰스Dickens, Charles 18

ㄹ

러브조이, 아서Lovejoy, Arthur 116
레드북 32, 33, 35, 152
렝커, 엘리자베스Renker, Elizabeth 149
로소프스키, 헨리Rosofsky, Henry 43
로웰, A. 로런스Lowel, A. Lawrence 31
로젠버그, 해럴드Rosenberg, Harold 108
로티, 리처드Rorty, Richard 70, 71, 74
롤스, 존Rawls, John 101
루덴스타인, 닐Rudenstine, Neil 133
루소, 장 자크Rousseau, Jean Jacques 35, 101
루스벨트, 시어도어Roosevelt, Theodore 89
리먼, 데이비드Lehman, David 132
리바인, 아서Levine, Arthur 24
리스먼, 데이비드Riseman, David 64
리처즈, I. A. Richards, I. A. 71

ㅁ

마르크스, 카를Marx, Karl 152
마르크스주의자 34, 119
《마이크로코스모그라피아 아카데미카
   Microcosmographia Academica》 6
마틴, 월러스Martin, Wallace 97
매사추세츠 공과대학 36, 56
매카시즘 117

매코헤이, 로버트McCauhey, Robert 27
매키언, 리처드Mckeon, Richard 30
머튼, 로버트Merton. Robert 64, 157
메츠거, 월터Metzger, Walter 86
모릴토지공여대학법Morrill Land-Grant College Act 37
문학 연구 69, 72, 96~97, 159
《문학비평의 약사Short History of Literary
   Criticism》 97, 98
문학인문학 23, 26, 28, 151
문화 전쟁 60, 117~118
문화적 자유를 위한 반공산주의 의회 63
물리학 20, 53~54, 87, 92
미국 과학연구개발부 56
미국 대학교수협회 86, 90, 115~116, 147
미국 대학수능시험 32
미국 물리학협회 87
미국 변호사협회 88, 102
미국 사회과학협회 86
미국 수학협회 87
미국 역사협회 87
미국 육군 26
미국 의료협회 90
미국 제학회평의원회 146
미국국립보건원 57
미국 연방대법원 66
《미국의 경제생활과 개선방법American Economic
   Life and the Means of Its Improvement》 27
미국의 국가적 문제 27
《미국적 삶의 약속The Promise of American Life》 89
미국항공우주국 57
미니멀리즘 108
미시간 대학교 38, 45
미주리 대학교 28
민속학자 87
민족 정체성 73
민주 사회 88
민주당 122~124
민주주의 5, 37, 153

ㅂ

바, 스트링펠로Barr, Stringfellow 29~30

바이스부흐, 로버트Weisbuch, Robert 134
바전, 자크Barzun, Jacques 29~30
박사 과정 37, 40~41, 54, 93, 99, 128, 130,
    134, 136, 137, 138
박사 학위 37, 41, 59, 86, 91~94, 107, 120,
    126~129, 131~137, 165
〈박사 학위 다시 보기Reenvsioning the PhD〉 126
〈박사 학위 추구In Pursuit of the Phd〉 133
〈박사 학위-10년 후PhDs-Ten Years Later〉 126
반 도렌, 마크Van Doren, Mark 30
반전문성 94
반학제성 72~73, 85, 104
밝고 무엇이든 다 잘하는 학생BWRKs: bright
    well-rounded kids 67
방법론 64, 74, 83, 105, 109, 164
배분 모델 19, 22
배분 이수제 20~21
배키, 앨런Bakke Allan 65, 166-167
버지니아 대학교 21, 146, 153
버클리 대학교 126, 131, 134, 165
버틀러, 니컬러스Butler, Nicholas 26
벅, 폴Buck, Paul 32
번스타인, 리처드Bernstein, Richard 132, 165
법학전문대학원 38~39
베이비 붐 56, 58, 124
베이트, 월터Bate, Walter 101
베커, 게리Becker, Gary 58
베케트, 사뮈엘Beckett, Samuel 18
베트남 전쟁 65, 117~118
벤더, 토마스Bender, Thomas 63
벨, 대니얼Bell, Daniel 63, 150
보들레르, 샤를Baudelaire, Charles 101
보수주의 122, 123
보수주의자 119, 122, 124
보웬, 윌리엄Bowen, William 133
보이어, 어니스트Boyer, Ernest 68, 158
복, 데렉Bok, Derek 43
부모대위권 37
부시, 더글러스Bush, Douglas 101
부시, 버니바Bush, Vannevar 56~57
부시, 조지Bush, George 122~123
불문학(학과목) 69, 105

《불안스러운 물체The Anxious Object》 108
뷰개넌, 스콧Buchanan, Scott 30
브라운 대학교 20, 44, 150
브룩스, 클린스Brooks, Cleanth 97
블룸, 앨런Bloom, Allan 153
비교문학(학과목) 70, 74~75, 160
비양도성 91
비전입 교수 118~119
비판적 연구 세미나 22
《비평과 문학적 취향의 역사A History of Criticism
    and Literary Taste in Europe》 98

ㅅ
사상 형식Modes of Thought 44
사심 없음 90~91, 125
사업, 정부, NGO 분야BGN: business,
    government, and NGOs 131
사이드, 에드워드Said, Edward 72
사회경제 34~35, 125
사회과학 20, 21, 32, 63, 71, 78, 86, 103, 118~
    119, 122~123, 130~131, 133, 154, 160
사회봉사 68
사회적인 기억 4
사회학 53, 64, 69, 71, 73~74, 91, 103
사회화 8, 25, 28, 109~110, 120, 143, 161
상대주의 34
생물학자 32
선택과목 7, 24, 37, 40, 42, 44, 76, 86
성 편견 73
《성스러운 숲The Sacred Wood》 99
세르반테스Cervantes Saavedra, Miguel de 35
세인츠버리, 조지 97~98
세인트존스 대학 30, 152
세지윅, 이브Sedgwick, Eve 72
셰익스피어, 윌리엄Shakespeare, William 26, 35, 76
수학 9, 21, 48, 117, 130~131, 149, 165
슐레진저 시니어, 아서Schlesinger Sr, Arthur 32
슐츠, 시어도어Schultz, Theodore 58
스미스, 애덤Smith, Adam 90
스와스모어 대학 20
스탠퍼드 대학교 28, 44, 75, 150, 155

스털링, J. E. 월러스Sterling, J. E. Wallace 44
스티븐슨, 아들라이Stevenson, Adlai 118
스푸트니크호 57, 58
시먼스, 솔론Simmons, Solon 118
시민성의 문제 28
시카고 대학교 30, 152~153
신경생물학 11
신비평 97, 98~99, 162
실용적 24~25, 47~48, 50, 63, 134~135
실증주의 97
심리학 103, 106, 131

ㅇ

아널드, 매슈Arnold, Mattthew 101
아이젠하워, 드와이트Eisenhower, Dwight 118
애들러, 모티머Adler, Mortimer 30
애머스트 대학 76~77
《애틀랜틱 먼슬리The Atlantic Monthly》 39, 42
어스킨, 존Erskine, John 28~30
언어학 95, 160
엘리엇, 새뮤얼A.Eliot, Samuel A 41
엘리엇, 찰스Eliot, Charles 36~42, 45~46, 49
엘리엇, 토머스Eliot, Thomas 99~101
엘리엇, 프레드슨Eliot, Freidson 103
여성 연구 72~73
연구 대학 24, 37, 47, 56, 64, 86, 95, 99, 100, 118, 120, 131, 133
연성 학문 94
영리를 추구하는 6, 124
영문학(학과목) 11, 29, 32, 47, 69, 70~71, 73~74, 76~77, 91, 94~96, 98~99, 100, 102~103, 105, 123, 127~131, 133~134, 153, 162
영어 작문을 포함한 미국 시민성의 문제 28
예술사학(학과목) 105~106
예일 대학교 20, 37, 101, 147, 150, 154, 162, 165
오늘날의 문제들 27
외국어 37, 57, 75, 150
외국인 학생 60
우드로윌슨 재단 134, 166

우드브리지, 프레더릭Woodbridge, Frederick 26
우익 교수진 117
워싱턴 대학교 126
원자 폭탄 152
월드, 조지Wald, George 32
웰렉, 르네Wellek, René 97, 98, 101
웰즐리 대학 76
웰즐리 대학교 77
위키피디아 10
윌리엄스 대학 28
윌슨, 우드로Wilson, Woodrow 26
윔샛, 윌리엄K. Wimsatt, William K. 97, 98, 101
유대인 28
유럽 문학 및 철학 명작 26
유전학 11
의료 전문 분야 47
의학전문대학원 39
이데올로기 34, 63, 116, 124
이데올로기의 종언 63
인구학 8
인구학적 다양성 69
인류학(학과목) 69, 70~71, 74, 105
인문과학 9, 19, 23, 45~50, 59, 120, 122, 130~131, 135, 138, 149, 154, 156~157, 166
인문학 10, 20, 29, 30, 32, 48, 53~55, 59, 60, 61, 68, 75, 77~79, 93, 106,122~123, 129, 132~133, 138, 150, 154~156, 159, 161, 165
인문학 A 30
인문학 B 30
인적 자본 58
인종 34, 61, 66~68, 71, 78, 118
인지과학 78
인지적 합리성 63
《일리아드 lilad》 26

ㅈ

자격증 40, 72, 80~89, 93~94, 100, 104, 143
자격화 87
자기 규제 93, 96

자기 선택적 139
자연과학 10, 20~21, 32, 65, 122, 132~133, 149
《자유 사회에서의 교양교육General Education in a Free Society》 32
자유 시장 88, 91
자유의 기수 6
자율성 69, 87, 100~101, 105, 117
작문 강좌 76
전문가 조직 101
전문대학원 38~41, 45, 49, 86, 122
전문성 50, 75, 86~88, 90~92, 94, 105~107, 109, 161
전문직 종사자의 재생산 138, 143
전문화 87, 88, 90, 91, 93, 99, 103, 131
전임 교수 60, 118~119
전쟁 목적 26
전통주의자 70
정부 투자 17~19, 21~27, 29, 30~36, 42~46, 48~49, 62, 150, 152
정치 27, 68, 78
정치과학 64, 123
정치적 견해 7, 89, 115, 116, 117, 119, 122, 125~126, 132
정치적 올곧음 132
제1차 세계대전 8, 26~27, 56, 117
제2차 세계대전 55~56, 62
제임슨, 프레드릭Jameson, Fredric 72
젠크스, 크리스토퍼Jencks, Christopher 64, 158, 165
조이스, 제임스Joyce, James 135
존스홉킨스 대학교 95
종신재직권 94, 96, 118, 131, 133~137
좌익 교수진 117
주관주의 109
주크, 조지Zook, George 33, 62
중간 범위의 이론들 64
중세 연구 105
중요 도서 세미나 29
직업 교육 42, 46, 149
직업 만족도 134
직업 시장 54, 132, 135, 165

진보적 31, 118~124
진보주의 50, 119, 120~121, 123, 124, 137
진보주의자 62, 119, 120~121, 123, 124
징병제 58, 118

ㅊ

철저한 독서 99
철학 10, 17~19, 24~26, 48, 54, 62, 69~71, 74, 76, 78, 137, 153~154, 159
《철학과 자연의 거울Philosophy and the Mirror of Nature》 71
충돌교육법 73

ㅋ

카네기 재단 154
칸트, 이마누엘 101
칼턴 대학 76
커, 클라크Kerr, Cark 6
커뮤니티 칼리지 58, 118
컬럼비아 대학교 23~26, 28~30, 33, 35, 64~66, 116, 118, 150~152, 165
케리, 존Kerry, John 121
코넌트 제임스Conant, James 31~32, 34, 35~36, 56, 62, 65, 152~153
콘퍼드, 프랜시스Cornford, Fancis 6
쿤, 토머스Kuhn, Thomas 70
크라우스, 로절린드Krouss, Rosalind 101
《크라이티리언The Criterion》 99
크러치, 조지프Krutch, Joseph 89
크롤리, 허버트Croly, Herbert 89
키츠, 존Keats, John 101
킴벌, 로저Kimball, Roger 132

ㅌ

탈학제성 74
터그웰, 렉스포드Tugwell, Rexford 27, 30
토니, 리처드Tawney, Richard 89
《트로이 헬렌의 사생활The Private Life of Helen of Troy》 29

트루먼, 해리 Truman, Harry 33
트리니티 대학 75, 159
트릴링, 라이어넬 Trilling, Lionel 29~30, 151

ㅍ

파슨스, 텔컷 Parsons, Talcott 63, 71
파월, 루이스 Powell, Lewis 65~67
팝아트 108
패디먼, 클리프턴 Fadiman, Clifton 30
패러다임 54~55, 64, 72~73, 77~78, 83, 103~105, 133, 138, 144
패커, 허버트 L. Packer, Herbert L. 44
퍼모나 대학 22
펜실베이니아 대학교 66
평등 보호 조항 66
평화의 목적 27
포스트모더니즘 138
프로화 87, 88~90, 95, 107
《프루프록 및 그 밖의 관찰 Prufrock and Other Observation》 99
프린스턴 대학교 21, 165
플라톤 Plato 35, 101
《피네간의 경야 Finnegans Wake》 135
피시, 스탠리 Fish, Stanley 70~71, 94, 160
핀리, 존 H. Finley, John. H. 32

ㅎ

하버드 대학교 22, 23, 25, 31~41, 43~45, 56, 63, 67. 99, 101, 118, 148, 150, 153, 154, 164
하버드 법학전문대학원 38
하버드 보고서 32~34
하버드 의학전문대학원 39
학과 8, 18, 20~23, 27~31, 35~39, 43, 47, 48, 64, 68~75, 83, 85~88, 104~105, 107, 127, 129~130, 135, 137~138, 154,
학과목 64, 68~69, 71~73, 86~88
학제성 69, 72~74, 83~85, 94, 99~100, 104~108, 160
〈학문의 재고찰 Scholarship Reconsidered〉 68

학문적 자유 86, 90, 93, 104, 116~117, 163
《학부 과정 편람 Handbook on Undergraduate Curriculum》 24
학부 교과과정 68, 75, 148, 154
학사 학위 38, 47, 59. 86, 88, 129, 130~133, 153
학생육군훈련단 26
학위 9, 37, 38~41, 46~47, 49, 54, 56, 58~59, 86-87, 91~92, 102, 107, 120, 126, 127~129, 130~139, 154, 161, 165, 167
학위 수여 138, 165
학위 획득 기간 132, 136
학제간 22, 73, 105, 158~159
할당제 66
합리적 선택 이론 64
합의적 접근 63
해석주의자 70
해스켈, 토머스 Haskell, Thomas 103
해체 이론 71, 138
핵심 교과과정 153
핵심 모델 19, 21, 22
핵심 프로그램 23, 43, 45
행동주의 64
허친스, 로버트 Hutchins, Robert 30, 153, 152
헌법적 66
혁명 64, 68, 72, 78, 79, 154
현대문명 26, 27, 151
현재주의 46
형식주의 70, 100, 109
호로비츠, 데이비드 Horowitz, David 164
호찌민 118
화이트, 헤이든 White, Hayden 70
화학(학과목) 31, 36, 95, 115
황금기 55, 58, 59~64, 68~69, 73
《황무지 The Waste Land》 99
《황폐한 집 Bleak House》 18
회계학(학과목) 48
회의론 54, 65, 68, 79, 104
후기 구조주의 70, 75

9 · 11 테러 117